CATARATA

RAFAEL CABALLERO ROLDÁN
INGENIERO TÉCNICO EN INFORMÁTICA Y DOCTOR EN CIENCIAS MATEMÁTICAS. PROFESOR DE LA FACULTAD DE INFORMÁTICA DE LA UNIVERSIDAD COMPLUTENSE DE MADRID CON 20 AÑOS DE EXPERIENCIA EN BASES DE DATOS Y GESTIÓN DE LA INFORMACIÓN. TAMBIÉN ES AUTOR DE MÁS DE 50 PUBLICACIONES CIENTÍFICAS Y DE VARIOS LIBROS SOBRE LENGUAJES DE PROGRAMACIÓN. APLICA SU INTERÉS POR BIG DATA A LOS GRANDES CATÁLOGOS ASTRONÓMICOS, HABIENDO DESCUBIERTO MEDIANTE SU ANÁLISIS MÁS DE 500 ESTRELLAS DOBLES.

ENRIQUE MARTÍN MARTÍN
INGENIERO EN INFORMÁTICA, MÁSTER EN INVESTIGACIÓN INFORMÁTICA Y DOCTOR EN INGENIERÍA INFORMÁTICA. PROFESOR EN LA FACULTAD DE INFORMÁTICA DE LA UNIVERSIDAD COMPLUTENSE DE MADRID DESDE HACE 8 AÑOS, IMPARTIENDO CURSOS SOBRE LA GESTIÓN DE LA INFORMACIÓN Y BIG DATA. SU INVESTIGACIÓN PRINCIPAL GIRA EN TORNO A LOS MÉTODOS FORMALES PARA EL ANÁLISIS DE PROGRAMAS EN ENTORNOS DISTRIBUIDOS.

Rafael Caballero y Enrique Martín

Las bases de Big Data

CATARATA

COLECCIÓN REDESCUBRE

PROYECTO FINANCIADO POR EL MINISTERIO DE EDUCACIÓN, CULTURA Y DEPORTE EN EL MARCO DEL PROGRAMA CAMPUS DE EXCELENCIA INTERNACIONAL

DISEÑO DE COLECCIÓN: MIGUEL URIARTE

FUENCARRAL, 70
28004 MADRID
TEL. 91 532 05 04
FAX. 91 532 43 34
WWW.CATARATA.ORG

LAS BASES DE BIG DATA

ISBN (CATARATA): 978-84-9097-086-7
ISBN (UCM): 978-84-669-3509-8
DEPÓSITO LEGAL: M-35.598-2015
IBIC: UN / KNTX1

ÍNDICE

PRÓLOGO

Vivimos en un mundo repleto de datos. Datos que no solo nos rodean, sino que son producidos por nosotros mismos, a menudo sin darnos cuenta.

Por ejemplo, nuestros teléfonos móviles no se limitan a transmitir nuestros mensajes y conversaciones, sino que emiten constantemente los datos que determinan nuestra ubicación o informan sobre el uso que hacemos de las diferentes aplicaciones que tenemos instaladas. Cada vez que navegamos por Internet, producimos una ingente cantidad de información que es empleada para mejorar y adecuar las páginas que visitamos a nuestras necesidades, pero también para ofrecer publicidad personalizada.

Cuando viajamos en transporte público y validamos el billete, añadimos un nuevo dato a una enorme base de datos que sirve para decidir qué líneas de transporte se utilizan más y a qué horas.

Si pagamos una compra con tarjeta, estaremos aportando a nuestro banco información sobre nuestros hábitos. Aunque prefiramos el pago en efectivo no nos libraremos de participar en la generación de nuevos datos: el comercio llevará cuenta de qué productos hemos comprado, y usará esta información para reponer productos con antelación, así como también para identificar qué productos hemos comprado conjuntamente y determinar tendencias que sirvan para mejorar su negocio.

Y parece que todo esto es solo el principio. Dentro de poco los coches serán capaces de compartir la enorme cantidad de datos que registran sus sensores, y cuando esto suceda es muy posible que, si la legislación lo permite, esta información sea utilizada por las aseguradoras para decidir la nueva cuota de nuestra póliza.

Este libro pretende ser un viaje por el mundo Big Data, mostrando sus bondades pero también los retos que plantea, por ejemplo, para nuestro concepto de privacidad. No pretende ser un texto técnico y no requiere ningún conocimiento inicial, solo un poco de curiosidad y de ganas de entender mejor la época que nos ha tocado vivir.

Empezaremos el recorrido viendo cómo ha cambiado la forma de almacenar datos desde los primeros ordenadores hasta la aparición de un nuevo tipo de bases de datos ligadas al concepto de Big Data, las llamadas bases de datos NoSQL. Hablaremos también de los centros de datos y descubriremos que es muy posible que cuando "subimos" una foto a Facebook, estemos enviando en realidad nuestra imagen al círculo polar ártico. Comentaremos el uso, a veces sorprendente, que hacen las grandes compañías de Big Data, pero también veremos cómo una pequeña empresa puede aprovecharse de las posibilidades que le da esta nueva tecnología mediante el almacenamiento en la nube. También entraremos en detalles al describir las características de las dos tecnologías más utilizadas en el mundo de los grandes datos: Hadoop y MongoDB. Finalmente, intentaremos atisbar el futuro de los grandes datos, de forma que no nos extrañemos el día en que nos llegue un *tweet* de nuestra cafetera en el que nos diga, con muchas caritas tristes, que debíamos haberle cambiado el filtro la semana pasada.

Antes de comenzar, no está de más recordar que el fin último de Big Data no es acumular datos, sino extraer información útil a partir de estos datos. Igualmente, el fin último de este libro no es solo presentar datos curiosos e interesantes sobre los grandes datos, sino lograr que el lector obtenga, de forma amena, una mejor comprensión del fenómeno Big Data.

CAPÍTULO 1

UN POCO DE HISTORIA

Para situar Big Data en su contexto necesitamos comprender la evolución que ha tenido el tratamiento automático de los datos desde la aparición de los primeros ordenadores. En este capítulo vamos a revisar esta parte de la historia, cuando los grandes datos eran sobre todo problemas de las oficinas del censo y las grandes bibliotecas.

LOS TIEMPOS HEROICOS

El almacenamiento y procesamiento de datos ha sido una de las tareas asociadas a los ordenadores desde sus inicios. El primer ordenador comercial, el UNIVAC I, construido en 1951, fue adquirido por la Oficina del Censo de Estados Unidos para tratar la ingente cantidad de información obtenida en los censos que se realizaban cada 10 años, a la que había que sumar los datos que comenzaban a recopilarse a través de muchas otras fuentes: hospitales, escuelas, etc. Pronto, UNIVAC reveló su potencia a la hora de realizar cálculos y predicciones estadísticas imposibles hasta el momento. Uno de sus mayores éxitos fue la predicción del resultado de las elecciones presidenciales de 1952. A partir de un recuento de tan solo un 1% del total de votos, UNIVAC predijo que el siguiente presidente sería Eisenhower, mientras la mayoría de los comentaristas políticos daban como ganador a su rival, el hoy olvidado Stevenson. Ni que decir tiene que ambos, UNIVAC y Eisenhower resultaron ganadores. Eisenhower fue presidente durante ocho años y UNIVAC siguió trabajando para la Oficina del Censo incluso más tiempo, jubilándose con honores en 1963. Pero la consecuencia más importante de esta anécdota fue que la población en general se hizo consciente de las posibilidades que ofrecía el manejo de datos por parte de aquellos nuevos aparatos, los ordenadores. La publicidad fue tal, que la empresa constructora llego a vender 46 copias de UNIVAC, una cantidad importante si se piensa que empezaron costando 159.000 dólares y tras el éxito de las elecciones presidenciales su precio se multiplicó por 10. Además del dinero, para disponer de un UNIVAC había que tener un sitio donde colocarlo, ya que la instalación requería algo más de 35 m^2 de espacio y pesaba alrededor de 13 toneladas. Todo para una memoria principal de 12 Kb, lo que supone que se hubieran necesitado alrededor de 50.000 UNIVAC para tener la memoria interna de un móvil modesto de hoy en día.

Por cierto, que como en el resto del libro vamos a usar bastante las unidades de almacenamiento, no está de más recordar que un carácter se almacena generalmente en un byte, que un kilobyte, abreviado kB, equivale a 1.000 bytes o caracteres (en algunos lugares se dice que 1 kB son 1.024

y no 1.000 bytes, pero aquí vamos a seguir la convención del Sistema Internacional de Unidades, más fácil de recordar). Por su parte, un megabyte (MB) son 1.000 kB, un gigabyte (GB) son 1.000 MB, un terabyte (TB) son 1.000 GB y un petabyte (PB) son 1.000 TB. Echando cuentas vemos que un petabyte es una cantidad de bytes que se escribe como un uno seguido de 15 ceros. Para hacernos una idea, un libro de 700 páginas en formato *epub* suele ocupar una media de 500 kB, por lo que un petabyte serían más o menos 2.000 millones de libros de 700 páginas.

Pero en aquellos tiempos se hablaba de unos pocos kB de *memoria principal*, la memoria interna que se borra al apagar el ordenador y que comúnmente llamamos RAM. La escasez de RAM se suplía con grandes cantidades de *memoria secundaria*, concepto que hoy corresponde a las tarjetas SD, discos duros, CD's, *pen drives* y cualquier aparato que sirva para almacenar datos de forma más o menos permanente. La memoria secundaria de la época estaba formada principalmente por las tarjetas perforadas y por las cintas magnéticas. Las tarjetas perforadas contenían normalmente los programas y datos individuales, mientras que las cintas magnéticas se empleaban cuando se querían guardar grandes cantidades de datos. La Oficina del Censo almacenaba los datos de los censados en cintas magnéticas. Por ejemplo, podemos imaginar que por cada individuo se almacena un código único (al que para utilizar un término conocido podemos llamar DNI), el nombre completo, la dirección y la edad. El conjunto de estos datos constituye lo que se conocía en la época como un *registro*. Las cintas del censo tenían multitud de registros, uno por cada persona censada.

El proceso de lectura y escritura en una cinta se asemejaba mucho al de los posteriores casetes, o para los lectores más jóvenes, al acto de desenrollar un carrete de hilo mientras se va enrollando en otro inicialmente vacío. Obviamente, todo el censo no cabía en una sola cinta, se necesitaba una gran cantidad de cintas clasificadas y custodiadas con sumo cuidado. Para buscar los datos de un individuo, se empezaba por localizar la cinta correspondiente para posteriormente colocarla y que el ordenador la leyera hasta encontrar el registro concreto. Las cintas estaban etiquetadas, digamos que con las letras iniciales del apellido del primer registro, e interesaba tener los registros de una misma cinta en orden normalmente por apellidos, pero esto introducía nuevas complicaciones.

Imaginemos por un momento que trabajamos en el departamento informático de una Oficina del Censo en los años 50 o 60 del siglo XX. Para simplificar, supongamos que estamos en un país pequeñito y que los registros de todos los habitantes caben en una sola cinta. Justitos, pero caben. Como somos muy diligentes, hemos logrado que las tarjetas perforadas con los datos de cada habitante, una por individuo, estén por fin ordenadas alfabéticamente. Obviamente, no lo hemos hecho a mano, sino mediante algún ordenador que ha hecho honor a su nombre y que ha sido capaz de manipular y ordenar enormes cantidades de tarjetas en pocos segundos. Ahora pasamos los registros en tarjeta a una cinta magnética, que nos permitirá olvidarnos de las tarjetas y consultar la información, obtener estadísticas, etc., de forma más rápida y eficaz. El proceso de pasar tarjetas a la cinta es también automático, pero engorroso y costoso en tiempo y energía. Y estamos en una época en la que el tiempo de uso del ordenador es muy costoso, dada la escasez y el coste de cada aparato. Lo importante es que al final tenemos nuestra cinta censal ordenada por apellidos. Comprobamos orgullosos que el primer registro de la cinta corresponde a una señora cuyo primer apellido es Abadía, que es justamente la persona de la primera tarjeta. Perfecto.

Pero ahí llega un tanto azorado un agente del censo conocido por su despiste. Resulta que se le habían traspapelado los datos de un ciudadano, el señor Abadejo, que no aparece en las tarjetas y por tanto tampoco en la cinta. Nos toca *actualizar* nuestra base de datos. Rápidamente pasamos los datos a una tarjeta perforada, que ponemos la primera del montón de tarjetas, ya que Abadejo va antes que Abadía. Pero ¿y la cinta? ¿Cómo grabamos los datos de Abadejo precediendo a los de Abadía? En una cinta no se puede "hacer hueco al principio". Si grabamos el registro de Abadejo al principio sobrescribiremos (y, por tanto, perderemos) los datos de Abadía que están allí alojados. Por supuesto, podemos "mover" los datos de Abadía grabándolos sobre el registro siguiente, que a su vez desplazaremos al siguiente para no perderlo, que a su vez... Estamos hablando de volver a grabar todos los datos. La falta de un solo dato nos obliga a repetir una tarea muy costosa. Además, las cintas solo se pueden volver a grabar una cantidad limitada de veces, después dejan de funcionar bien. Un desastre, pero no hay más remedio.

Han pasado los años y se aproxima el siguiente censo. Aún recordamos con horror el caso Abadejo-Abadía, que ha dado tanto que hablar en la oficina. No puede volver a ocurrir, pero a la vez es imposible asegurar que no va a aparecer un dato traspapelado a última hora. ¿Qué hacer? Se nos ocurre una idea: entre cada dos registros de la cinta dejaremos uno extra en blanco, un hueco de seguridad. Así, si al final del proceso vuelve el agente despistado, esta vez con los datos del señor Abad, en lugar de caer en una crisis nerviosa, sonreiremos con suficiencia mientras grabamos el nuevo registro en el hueco que hemos dejado antes de Abadejo. Un compañero de oficina, sin duda algo envidioso, escucha nuestra genial idea y se apresura a comentar que el método no es perfecto. Si resulta que se han traspapelado los papeles del señor Abad y *también* los de la señora Ábaco tenemos dos registros nuevos y un solo hueco. El resultado un nuevo fracaso, nuevos años de sonrisitas a nuestras espaldas a costa del famoso caso Ábaco-Abad-Abadejo. Aunque en principio es posible, sabemos que es raro que se traspapele más de un registro y que es casi imposible que se traspapelen dos que encima vayan al mismo hueco. Y aunque ocurriera, solo habría que mover Abadejo al hueco situado tras su posición actual y ya tendríamos dos huecos, el que hemos dejado inicialmente y el nuevo dejado por Abadejo al desplazarse. Podemos estar tranquilos.

Sin embargo, el día de la grabación de la cinta descubrimos con horror un detalle que se nos había escapado: al dejar los huecos hemos duplicado el tamaño que necesitamos para grabar los datos y ya no caben en una cinta. Por supuesto, podemos grabar dos cintas, pero cada cinta es un coste adicional, y además cada vez que hay que cambiar de cinta hay que hacerlo manualmente. Y todo por la posibilidad de que un documento se traspapele sin tan siquiera estar seguros de que vaya a extraviarse.

La moraleja de esta historia sigue siendo válida hoy en día, y es seguramente el principio más básico de las bases de datos: las decisiones que se toman a la hora de su diseño y su forma de almacenamiento tienen una enorme repercusión en la eficiencia, coste y seguridad del sistema, en la velocidad y la facilidad de consulta y mantenimiento. Como veremos, el dilema del pasado siglo continúa siendo, adaptado a los tiempos, el dilema de hoy en día.

PRIMERA REVOLUCIÓN: LAS BASES DE DATOS RELACIONALES

También fue en aquella gloriosa época cuando se descubrió un problema que sigue acompañándonos: la compleja relación entre la redundancia y la calidad de los datos. Supongamos que seguimos trabajando en el censo con registros que contienen DNI, nombre, dirección y edad. La *dirección* corresponde al domicilio en el que vive la persona. Pero algunas personas tienen varios domicilios. Por ejemplo, la señora Abadía vive en invierno en su residencia de la costa y en verano en su residencia de la montaña. ¿Qué hacemos? No podemos poner dos direcciones, porque entonces los registros serán diferentes según cada persona, y creemos (con razón) que esta falta de homogeneidad va a complicar tratar los datos de forma uniforme más adelante. Una posibilidad es otorgar dos registros a la señora Abadía, uno por domicilio. Respetando el nombre de los *atributos* del registro (se llama *atributo* a cada dato individual dentro de un registro, como *nombre* o *domicilio*), quedaría algo como:

Registro 1
DNI: 00A
Nombre: señora Abadía
Domicilio: en la costa
Edad: 65

Registro 2
DNI: 00A
Nombre: señora Abadía
Domicilio: en la montaña
Edad: 55

Esta solución, que se emplea en la práctica en numerosos casos, tiene varios inconvenientes debido a la repetición de información. El primero es que esta información redundante (DNI, nombre, edad) ocupa espacio, aunque sea en memoria secundaria y, por tanto, tiene un coste. Supongamos que esto lo hemos resuelto porque con el paso de los años las cintas soportan más y más datos, son más baratas y además ahora nuestro sistema puede trabajar con varias cintas a la vez. Incluso puede que ya no usemos cintas magnéticas, sino que dispongamos de *discos duros*, mucho más rápidos y eficientes.

Pero hay algo más importante: al repetir la información es fácil que se nos cuele algún dato erróneo. En nuestro ejemplo anterior nos hemos equivocado al teclear el registro 2 (se nota que han pasado los años, en lugar de tarjetas perforadas ya usamos teclado), y sin querer hemos puesto mal la edad, quitándole 10 años a la señora Abadía. Si ahora nos piden un informe del nombre y edad de las personas que viven "en la costa", aparecerá en primer lugar la señora Abadía con 65 años, pero si nos piden además un informe de personas que vivan "en la montaña" veremos sorprendidos que la primera línea corresponde a la señora Abadía con 55 años. La misma persona, pero con diferente edad. Este problema en la *calidad* de los datos hace que las bases de datos se vayan volviendo, poco a poco, inútiles. En efecto, puede que para cuando descubramos la inconsistencia en la edad de la señora Abadía ya no dispongamos de los datos originales y no sepamos cuál de las dos edades es la correcta.

¿Qué hacer? ¿Cómo *diseñar* la base de datos para reducir la posibilidad de que esto ocurra? La solución la propuso un antiguo piloto de la RAF, Edgar "Ted" Codd, que en 1948 decidió dejar el ejército británico y entrar en IBM como programador. La carrera de Codd en IBM no fue precisamente fácil. Al poco de llegar a Estados Unidos se vio envuelto en la famosa "caza de brujas" del senador McCarthy y se trasladó a Canadá, donde residió durante los siguientes 10 años. Pero tras volver a Estados Unidos, en 1970 publicó un artículo que revolucionaría el mundo de las bases de datos. En este artículo Codd proponía dividir los datos en relaciones (estructuras con forma de *tabla*) que se combinan entre sí para obtener la información. Lo que hasta ahora hemos llamado registros eran para Codd *tuplas* (hoy en día más conocidas como *filas*) de la tabla o relación, mientras que los componentes básicos de los registros, los datos como DNI o edad llamados hasta entonces atributos, eran llamados *columnas*. Codd proponía resolver el problema de la redundancia dividiendo tablas grandes en varias más pequeñas.

Para entender esto último supongamos que seguimos, ya con una cierta edad, trabajando en la oficina del censo. Un día por casualidad llega a nuestro pequeño país Ted Codd, y en una visita a nuestra oficina le mostramos nuestro problema con los datos repetidos. Codd se ofrece a ayudarnos y nos sugiere que representemos los datos del censo en dos tablas. La primera tabla contiene el DNI, el nombre y la edad. Cada DNI solo aparecerá una vez, es lo que Codd llama *clave primaria*: una columna que no se repite y que por tanto puede usarse como representante de toda la fila. La segunda tabla combinará DNI con los domicilios de la persona:

TABLA PERSONAS

DNI	NOMBRE	EDAD
00A	Señora Abadía	65
11B	Señor Abadejo	54
...	...	...

TABLA DOMICILIOS

DNI	DOMICILIO
00A	En la costa
00A	En la montaña
...	...

Aunque no vemos mucho sentido a lo de llamar tablas a los registros de toda la vida, la verdad es que hay que reconocer que este Codd tiene buenas ideas: los datos que no se pueden duplicar como la edad o el nombre no se repiten en la tabla, evitando posibles errores y gasto de recursos. Ya no tenemos el problema de la edad duplicada. Los datos que sí se pueden repetir como el domicilio se colocan en tablas que se pueden enlazar mediante la clave primaria (DNI en el ejemplo). Sigue habiendo un dato repetido en la segunda tabla, el DNI, pero es solo uno y más fácil de controlar. El modelo, que Codd llama *modelo relacional*, nos gusta.

La propuesta de Codd va más allá: pensando en nuestros problemas originales con las cintas, los huecos, etc., propone que el diseño de una base de datos se mantenga separado de su implementación física. Es decir, el usuario no tiene que preocuparse de cómo se distribuye esta información en las cintas magnéticas, si hay huecos o no. De esto se encarga un programa especializado, el llamado sistema gestor de bases de datos. El problema de cómo almacenar los datos sigue existiendo, pero otros se hacen cargo de él, y esto nos permite concentrarnos en la tarea, no trivial, de diseñar las tablas. Es decir, Codd plantea separar el nivel físico (*cómo* se graban los datos) del nivel lógico o conceptual, que es el que interesa al diseñador de bases de datos.

Las ideas de Codd son brillantes, y es una pena que su empresa, IBM, no piense lo mismo. Cuando presenta sus ideas, resulta que IBM ya está vendiendo productos para bases de datos que no siguen las ideas de Codd, y no están dispuestos a cambiar. Además, la propuesta original de Codd habla en términos matemáticos que hacen que parezca más un artículo académico que una propuesta realizable.

Ante su fracaso inicial, Codd, siempre combativo, se dedica a presentar sus ideas a los clientes de IBM, y sus propuestas son muy bien acogidas. Un poco a regañadientes, IBM pone a un grupo de desarrolladores a trabajar en las nuevas ideas. Lo malo es que no deja que Codd interaccione con las personas que tienen que llevar sus propuestas a la práctica. El resultado es un nuevo lenguaje de consultas que permite obtener información de las bases de datos relacionales, al que llaman SEQUEL. Aunque no siga fielmente las ideas de Codd, SEQUEL es mucho mejor que lo que había hasta la fecha, pero IBM sigue sin estar dispuesta a apoyar en serio el nuevo modelo del, a estas alturas, muy enfadado Ted Codd.

Por fin en 1978, el directivo de IBM Frank T. Cary decide apostar fuerte por Codd y sus ideas. Demasiado tarde. En esos momentos, un emprendedor de Silicon Valley, Lawrence J. Ellison, ha leído y comprendido las ideas de Codd y las ha llevado a la práctica. La empresa fundada por Ellison se llama Oracle y es actualmente la segunda empresa en ingresos dentro del mundo del software, mientras que en 2014 Ellison era considerado la quinta persona más rica del mundo.

Haciendo un paréntesis, no está de más recordar que en la misma época en la que Codd publicaba sus propuestas sobre bases de datos relacionales, la pasión por los datos llevaba a unos estudiantes de Seattle a fundar una empresa para analizar datos de tráfico de diversas ciudades con la intención de mejorar la gestión de semáforos, diseñar nuevas carreteras, etc. La empresa se llamó Traf-O-Data, tuvo un éxito muy limitado y hoy casi nadie se acuerda de ella. Los estudiantes eran Bill Gates, Paul Allen y Paul Gilbert. Los dos primeros fundaron tres años después una nueva empresa a la que llamaron Microsoft, Bill Gates pasó a encabezar la lista de los hombres más ricos del mundo y su empresa a encabezar la lista de empresas de software mundiales, por delante de Oracle.

Pero volvamos a Oracle y a Ellison, que hasta tal punto se inspiró en las ideas de Codd que incluso desarrolló una versión del lenguaje de consultas SEQUEL, a la que denominó SQL y que sigue siendo el estándar en los lenguajes de consultas bases de datos relacionales. Por ejemplo, la siguiente consulta SQL sirve para obtener los nombres de las personas que tienen un domicilio "en la costa".

```
select personas.nombre
from personas inner join domicilios on (personas.dni = domicilios.dni)
where domicilios.domicilio = "en la costa";
```

La consulta tiene tres partes, la primera que empieza por la palabra reservada *select*, la segunda por *from* y la tercera con *where*. Vamos a empezar por entender la sección *from*, que indica que la consulta debe utilizar filas de las tablas *personas* y *domicilios*. Esta misma parte indica mediante las palabras *inner join* que no debemos mezclar filas de las dos tablas a tontas y a locas. Por el contrario, la condición asociada *personas.dni = domicilios.dni* establece que deben considerarse conjuntamente las filas de ambas tablas que tengan el mismo DNI. Por tanto, la notación *personas.dni* se refiere a la columna DNI de la tabla *personas*, mientras que *domicilios.dni* se refiere a la columna del mismo nombre en la tabla *domicilios*. La parte *where* indica qué filas deben considerarse, en este caso las que corresponden a domicilios "en la costa"; todas las filas obtenidas a partir de las filas de la parte *from* que no tengan domicilio "en la costa" son descartadas y no se mostrarán como respuesta de esta consulta. Finalmente, la primera palabra reservada, *select*, indica que la consulta solo debe mostrar la columna *personas.nombre*. El resultado de introducir esta consulta en un sistema gestor de bases de datos relacional que incluya tablas *personas* y *domicilio* como las descritas más arriba es una lista de nombres, que podemos asegurar que tienen residencia "en la costa".

¿Cómo lo hace el sistema gestor de bases de datos? Pues simplemente va leyendo filas de ambas tablas y ve si se cumplen las condiciones (mismo DNI y residencia "en la costa"), para finalmente mostrar el nombre de la persona. Por eso se dice que las bases de datos relacionales son orientadas a fila.

Pero lo realmente importante y revolucionario es que este código sencillo no indica nada de cintas, discos duros, etc. Ni siquiera sabemos si las tablas se almacenan en ficheros físicos distintos o si están todas juntas, si hay huecos o no. Todo eso, simplemente, no importa. Nosotros le pedimos al sistema cierta información utilizando esta sencilla estructura *select/from/where* y obtenemos rápidamente la respuesta. No es de extrañar que Codd viera cómo, finalmente, su modelo se imponía y comenzaba el reinado de las bases de datos relacionales. Tras su muerte en 2003, un amigo aseguró en su funeral que "las ideas de Codd habían hecho ricos a muchos hombres, pero no al propio Codd". Lo que sí es seguro es que las bases de datos relacionales constituyeron la primera gran revolución en el mundo de los datos.

EL REINADO RELACIONAL

Las bases de datos relacionales han ocupado el trono de las bases de datos durante más de 30 años, algo insólito en el mundo de la informática. Como todos los largos reinados, ha vivido sus épocas de crisis. La primera sucedió alrededor de 1990, cuando los lenguajes de programación orientados a objetos como C++ o Java se impusieron dentro del mundo de la programación. Estos lenguajes permiten de forma natural representar estructuras de datos complejas. Por ejemplo, en una aplicación de comercio electrónico podemos representar el objeto *cliente* que contiene los datos personales del cliente y los pedidos. Los pedidos se pueden representar como una lista (una secuencia) de objetos de tipo *pedido* contenida dentro del propio cliente. Por supuesto, los programadores quieren grabar las estructuras que crean en memoria principal en una base de datos.

El problema es que una base de datos no admite una estructura tan compleja como la que acabamos de describir. Podemos crear una tabla *clientes* con sus datos personales, uno por fila, pero no se pueden incluir allí también los pedidos, sería como tener una tabla dentro del valor de una columna y eso no es posible en el modelo relacional. Codd nos diría que lo que se debe hacer es añadir otra tabla *pedidos*, incluir el DNI en cada pedido y luego relacionar la tabla *pedidos* y la tabla *clientes*.

Pero la diferente representación en memoria y en la base de datos implica un esfuerzo adicional de programación y es una posible fuente de errores. Este problema, que se da cuando hay que combinar dos lenguajes o tecnologías diferentes en un mismo sistema, se conoce como el *problema de impedancia*. El problema de impedancia de la programación orientada a objetos y las bases de datos relacionales se trató de resolver proponiendo un nuevo modelo de bases de datos, las bases de datos orientadas a objetos.

El éxito de las bases de datos orientadas a objetos, si es que llegó a haberlo, fue efímero. El imperio relacional resistió el ataque. Las razones por las que las bases de datos orientadas a objetos no acertaron a derrocar a las relacionales no están claras. Lo que sí está claro es que en el castillo relacional, aunque aparentemente indemne, se había abierto la primera grieta.

El segundo ataque llegó con la llegada de las páginas web. Mucha gente quería guardar sus páginas en una base de datos y de nuevo aparecía el problema de impedancia, esta vez entre la complejidad y variedad de una página web y la simplicidad y homogeneidad de las tablas relacionales. En efecto, definir una tabla en la que guardar una página web es complicado porque hay tantos tipos de páginas como diseñadores web: unas con fotos o incluso vídeos, con bloques de texto de distintos tipos, enlaces a otras páginas, etc. Este era un buen segundo ataque, pero quizás tampoco fuera suficiente para que se llegaran a crear alternativas al modelo de Codd. Sin embargo, la llegada de Internet también sirvió para acelerar el desarrollo de un problema que llevaba fraguándose desde los tiempos de UNIVAC y que sí forzó la revolución a la que está dedicada este libro.

LA SEGUNDA REVOLUCIÓN: BIG DATA Y NOSQL

La segunda revolución en el mundo de las bases de datos es tan reciente que de hecho la estamos viviendo ahora mismo, aunque podemos buscar su origen mucho más atrás. Ya en 1944 el bibliotecario americano Fremont Rider alertaba de que las universidades americanas doblaban el número total de libros en sus anaqueles cada 16 años y de que ese ritmo era imposible de mantener a largo plazo. En 1961, Derek Price hace un estudio similar sobre el número de publicaciones científicas, llegando a la conclusión de que su volumen se duplica cada 15 años, pero además que se trata de un incremento exponencial, es decir, cada vez se tardará menos tiempo en doblar el número de publicaciones.

En 1975 el Ministerio de Correos y Telecomunicaciones de Japón lleva a cabo un "censo sobre el flujo de datos en Japón". Los resultados eran de lo más curiosos: la generación de nuevos datos en Japón crecía a un ritmo mucho mayor que la capacidad de consumir y procesar estos datos. Es más, el informe del ministerio incluía una conclusión: "Nuestra sociedad se mueve hacia una nueva etapa [...] en la que se dará prioridad a la información procesada, orientada a las necesidades del individuo, en lugar de al incremento constante de la cantidad de datos". El Ministerio hablaba sobre todo de la información dada por los medios de comunicación, pero su frase ha resultado ser profética en cuanto a la visión de los datos en general.

La verdad es que hasta época relativamente reciente, la obtención de datos había sido una tarea costosa —piénsese en los censos, las encuestas, etc.— y esto hacía de cada dato una pieza valiosa que había que custodiar. Cuando, casi de improviso, los datos empezaron a fluir con facilidad a través de la red, los teléfonos móviles, etc., la mayoría de las organizaciones, gobiernos y empresas siguieron dando a cada dato la misma sagrada importancia y se dedicaron a acumularlos con fruición. "¡Qué suerte, cuántos datos! Guardémoslos, ya los analizaremos después", se pensaba. En 1980 el científico I. A. Tjomsland decía que "la gente continúa acumulando datos sin medida. El coste que conlleva mantener datos obsoletos parece menos evidente que el coste que puede conllevar la pérdida de datos potencialmente útiles". Este "síndrome de Diógenes de los datos" que obliga a guardarlo todo "por si puede ser útil algún día" continúa vigente en muchos ámbitos, desde el privado hasta el estatal.

En 1990, el artículo "Saving All the Bits", de Peter J. Denning, aparte de insistir en la imposibilidad de guardar todos los datos, aporta por primera vez soluciones. Propone que los ordenadores sean capaces de encontrar patrones comunes en los datos, de procesarlos para obtener lo que se desea y que a ser posible puedan incluso procesar datos de forma rápida en tiempo real. Las soluciones propuestas por Denning se aproximan mucho a lo que hacen las bases de datos actuales. Siete años después, Michael Cox y David Ellsworth utilizan por primera vez el término Big Data para referirse a cantidades de datos difíciles de almacenar usando medios convencionales como las bases de datos relacionales.

Llegados a este punto es el momento de preguntarse, "pero exactamente ¿qué significa Big Data?"

CAPÍTULO 2

¿QUÉ ES BIG DATA?

La traducción literal de Big Data sería "datos masivos" o "datos a gran escala", un término muy general. Sin embargo, en el ámbito de la informática, aunque sin perder del todo la ambigüedad, acostumbra a referirse a datos masivos que cumplen tres características, las conocidas *3-V*.

LAS 3-V

En 2001 Doug Laney propuso tres características que distinguían a lo que denominamos Big Data: volumen, velocidad y variedad. Para ilustrar a qué se refiere este concepto vamos a tomar como ejemplo los datos que maneja un pequeño comercio.

Volumen es, por supuesto la principal característica de Big Data y hace referencia al significado usual del término, es decir la gran cantidad o volumen de datos. Supongamos que nuestro pequeño comercio abrió sus puertas allá por la década de 1980. En esa época el propietario tenía que almacenar una cantidad razonable de datos: inventario de productos, ventas realizadas, etc., datos que podía gestionar con un pequeño ordenador personal. Pero han pasado 35 años y ese mismo comercio hoy seguramente venderá sus productos por Internet, lo que se denomina comercio electrónico. Esto supone automáticamente una explosión en la cantidad de datos de los que se dispone: datos de cada cliente, información bancaria, transacciones fallidas o abortadas. Y eso si nos limitamos a las ventas, porque lo normal es que queramos saber cuántas personas han visitado nuestra página web, qué páginas son las más visitadas y en qué orden (para dar más relevancia a lo más buscado), a qué horas hay más visitas para que las tareas de mantenimiento no colapsen el sistema, de qué país es cada visitante para adecuar la oferta y los idiomas en los que la mostramos, y un largo etc. Tantos datos que el pequeño comerciante se encontrará fácilmente desbordado. La primera solución es tirar los datos, quedarse con los mínimos para seguir funcionando. Pero se sabe que estamos desperdiciando información útil. Si queremos almacenar esta información necesitamos una base de datos capaz de almacenar y gestionar esa enorme cantidad de datos.

Velocidad, la segunda V, porque los datos en la web llegan muy rápido. Nuestro pequeño comercio electrónico puede hacer mil ventas en un minuto y tener decenas de miles de visitas en el mismo plazo de tiempo... y nuestra base de datos debe ser capaz de almacenar toda la información que acarrea este trasiego sin bloquearse. Y aunque el modelo relacional ha mejorado muchísimo desde los tiempos de Codd, su fuerte no son las actualizaciones masivas de bases de datos. Digamos que no se les da mal, pero que no es lo suyo. De hecho, en las bases de datos relacionales a menudo se aconseja grabar primero los datos sin procesarlos para en algún momento, por ejemplo cada noche, incorporarlos a la base de datos en un proceso automático. El problema es que en un comercio electrónico nunca es de noche, siempre hay alguien (y *alguien* hablando de Internet suele querer decir muchos miles de personas) que puede estar visitando nuestra página.

La tercera V habla de *variedad*. Sabemos que nuestro comercio electrónico tiene que competir con tiendas similares que también venden en Internet (o incluso que solo venden en Internet). Para seguir siendo competitivos, nos interesa tener un programa que de forma automática vaya buscando y almacenando los productos y precios de estas otras tiendas. El problema es que cada tienda dará su propia información: unos con precios en euros, otros en dólares, unos con una larga descripción del producto, otros con fotos, etc. ¿Cómo almacenar esta enorme variedad de datos en una tabla relacional? Si el bueno de Codd soñó alguna vez con una situación así, seguramente se despertó gritando en mitad de la noche. Porque las bases de datos relacionales de Codd implican sobre todo *consistencia*, todas las filas con el mismo número de columnas, cada columna con datos siguiendo el mismo formato. Pero aquí tenemos sobre todo *variedad*. Y ese es el reino de Big Data.

Los conceptos Big Data y NoSQL aparecen a menudo ligados y merecen ser diferenciados. Acabamos de ver que el término Big Data se refiere a sistemas de datos que verifican las 3-V: volumen, velocidad, variedad. Pero hay que añadir que en particular se sobreentiende que hablamos de sistemas que requieren características que sobrepasan las posibilidades de las bases de datos relacionales estándar. Por ello, se suele asumir que todas las bases de datos Big Data son a su vez bases de datos NoSQL, es decir, bases de datos que no están basadas en el modelo relacional. Sin embargo, el término NoSQL se refiere en general a cualquier base de datos que se presente como alternativa al modelo relacional, aunque no tenga las características de Big Data. Un ejemplo es la popular base de datos Redis, una base de datos NoSQL que no está especialmente orientada a Big Data. Por el contrario, Redis es especialmente útil con bases de datos pequeñas que pueden almacenarse en memoria. Por tanto, Big Data implica habitualmente NoSQL, pero NoSQL no implica necesariamente Big Data. En este libro asumimos que los sistemas NoSQL son las naves que nos permiten movernos (y con un poco de suerte incluso llegar a buen puerto) en el océano Big Data.

Pero si Big Data ya es un término difícil de precisar, su compañero de viaje, NoSQL, es el paradigma de la ambigüedad. Definir algo usando negación no parece en general una buena idea y aquí nos encontramos con un concepto que lleva la negación en su propio nombre. El término NoSQL se refiere de forma genérica a bases de datos no relacionales, no a bases de datos que no incluyen el lenguaje de consultas SQL. El primero en acuñar el término, Carlo Strozzi en 1998, lo utilizó de manera apropiada: puso este nombre a una base de datos que había creado y que, aun siendo relacional, no utilizaba el lenguaje de consultas SQL. Resumiendo, NoSQL identifica a las bases de datos no relacionales, aunque toma el nombre de una base de datos relacional. El propio Strozzi no parece demasiado feliz con la fama que ha recibido el nombre que acuñó para su base de datos, e indica en su página web que preferiría que el "nuevo movimiento llamado NoSQL", al que por cierto trata con cierto desdén, se llamara NoREL (de "no relacional"). Pero le guste o no al padre del término, el nombre NoSQL parece que está ahí para quedarse largo tiempo.

¿Podemos imaginar un contexto más lioso? Sí, es posible, nuestros diseñadores de bases de datos NoSQL no dejan de sorprendernos y algunos entornos NoSQL ofrecen lenguajes de consulta similares a SQL. Tanto es así, que algunos amantes de la cuadratura del círculo, aseguran ahora que NoSQL significa Not Only SQL (no solo SQL), en lugar de No SQL. "Pero ¿por qué entonces no se escribe NOSQL, con la O mayúscula en lugar de NoSQL?", preguntan airados los defensores del significado original. Por nuestra parte, vamos a ignorar esta discusión para seguir viendo qué tienen de especiales estas bases de datos.

La principal razón de la definición por negación asociada al término NoSQL es que hay una gran cantidad de bases de datos no relacionales, cada una con sus propias características. Casi podemos decir que lo único que tienen en común es precisamente el hecho de no estar basadas en el modelo relacional. Quizás sea porque estamos en plena revolución y numerosos aspirantes compiten al trono NoSQL. Para aclararnos trataremos de clasificar todas estas nuevas "criaturas" a fin de no perdernos en una maraña de nombres y conceptos. Pero antes vamos a repasar muy brevemente los puntos esenciales del modelo relacional para así poder comparar cada alternativa.

En el modelo relacional los datos se agrupan en tablas o relaciones. Cada tabla está definida por una serie de columnas (DNI, nombre, etc.). Los datos se guardan en filas dentro de la tabla. Todas las filas de una tabla tienen las mismas columnas, no puede ser que en una fila haya DNI y en la siguiente, en su lugar, número de la seguridad social. Y dada una fila concreta y que columna incluye un único dato, no puede darse que la columna *domicilio* de una persona tenga una lista de domicilios, debe tener uno y solo uno (en la práctica se permite que tenga cero utilizando la palabra especial *null*, pero esto es un truco que además da muchos problemas en el mundo relacional). Como ya hemos visto, si queremos tener una lista de domicilios o una lista de pedidos por cliente, lo que debemos hacer es tener dos tablas, una de personas y otra de domicilios con dos columnas, (DNI, domicilio) y ahí poner una fila por cada domicilio de la persona del DNI dado.

Dentro del ecosistema NoSQL se rompe la estructura relacional; podemos distinguir cuatro modos de hacerlo claramente diferenciadas: bases de datos orientadas a documento, clave-valor, orientadas a columna y bases de datos orientadas a grafo.

El primer tipo, las bases de datos orientadas a documento, es la que permite definir datos más complicados. De hecho puede tener cualquier estructura imaginable. Una representación de una base de datos de este tipo:

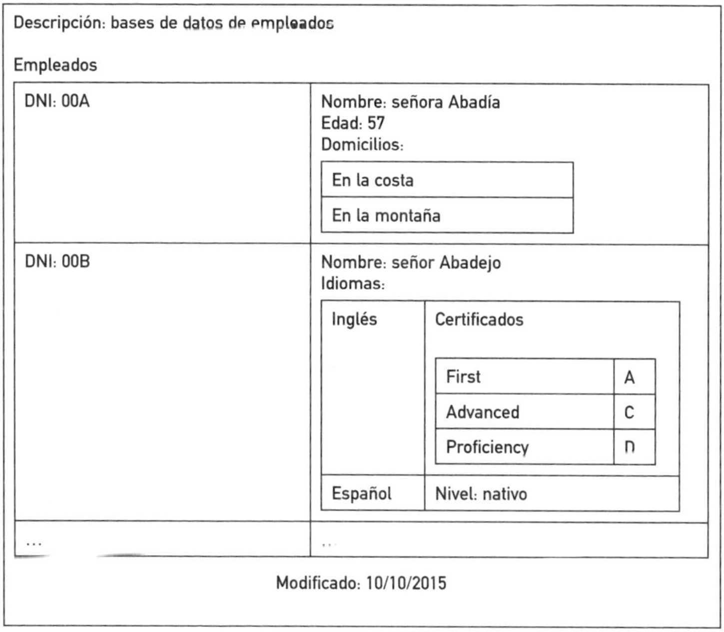

Observamos inmediatamente el contraste con una base de datos relacional. Ni siquiera tiene sentido hablar de tablas o filas, se trata de agregados o documentos que a su vez pueden contener otros. Incluso cuando parece que hay cierta información "estable", como el DNI, nos encontramos que cada valor que la acompaña tiene una estructura totalmente diferente. En un caso se tiene un valor edad, pero en el otro se tiene en su lugar un valor idiomas que, además, es un documento. Si recordamos el problema de impedancia que comentábamos en el capítulo 1 acerca de la dificultad de grabar en una base de datos una estructura compleja situada en la memoria principal de un ordenador, vemos que las bases de datos orientadas a documento son la solución a este problema. En el capítulo 5, precisaremos más detalles sobre su funcionamiento cuando presentemos MongoDB, la base de datos NoSQL más popular para tratar con Big Data. Otras bases de este estilo, usadas ampliamente, son BaseX o CouchDB.

BASES DE DATOS CLAVE-VALOR

Si las bases de datos orientadas a documento representan una estructura mucho más compleja que las bases de datos relacionales, sus primas rebeldes, las bases de datos clave-valor pueden verse como el caso opuesto. Podemos visualizar una base de datos de este estilo como una tabla de dos columnas. La primera es la clave y sirve para buscar información. La segunda columna contiene cualquier tipo de dato que se quiera registrar:

CLAVE	VALOR
00A	x
00B	y
...	...

En la segunda columna, por ejemplo, podría incluirse un documento como en las bases de datos orientadas a documento que de hecho se suelen ver como una subclase de las bases de dato clave-valor. Pero también podría ser que el valor fuera una dirección en un caso, una foto en otro, una canción en otro diferente, etc. Para la base de datos resulta irrelevante el tipo de información o dato registrado. Las consultas son muy sencillas: preguntamos por una clave y la base de datos nos devuelve su valor asociado. La información asociada al valor es "opaca" para la base de datos: ni sabe lo que es ni le interesa. Pero ¿para qué una base de datos que no sabe lo que está guardando? ¿Qué se gana al perder la estructura de las bases de datos orientadas a documento y trabajar en su lugar con una clave-valor? Sobre todo, simplicidad: no hay que entender complicados conceptos ni pensar en una estructura determinada. Esto hace las bases de datos clave-valor muy adecuadas para casos sencillos en los que la estructura del valor no es muy importante. Si por el contrario lo que necesitamos es hacer consultas que dependen del valor almacenado, la clave-valor no es la mejor opción. Tampoco son adecuadas cuando se trata de considerar relaciones entre varias claves, en una base de datos clave-valor cada clave es única y no está relacionada con ninguna otra. El gigante de las bases de datos relacionales, Oracle, que va viendo cómo pierde ingresos cada año, no solo debido a la llegada de las bases de datos NoSQL, sino sobre todo a la competencia de las bases de datos relacionales de código abierto (gratuitas), no ha podido resistirse y ha lanzado su propia base de datos clave-valor, llamada Oracle NoSQL. Otras bases de datos de esta especie son DynamoDB (la base de datos de Amazon, que también sirve para bases de datos orientadas a documento), Redis, Memcached o Riak.

Sería más correcto el nombre "orientadas a familia de columnas", pero resulta demasiado largo. La idea surge analizando las consultas SQL más usuales, al observar que a menudo se requiere información de ciertas columnas de forma conjunta. Por ejemplo, si hacemos una consulta que incluya el nombre de cada persona, es muy habitual que también incluyamos el DNI y el domicilio. En SQL eso significa que hay que leer la tabla fila a fila y para cada fila extraer la información de DNI, nombre y domicilio, desechando el resto. ¿Por qué no guardar entonces las columnas DNI, nombre y domicilio todas juntas de forma que se puedan leer consecutivamente sin tener que desechar nada de información? En las bases de datos orientadas a columna, a esto se llama una familia de columnas, que se agrupan bajo un nombre, por ejemplo, "datos personales". El acceso a las bases de datos de columna se puede imaginar como un acceso en dos niveles. Primero usamos la clave (por ejemplo, DNI) y el nombre de la familia de columnas (por ejemplo, datos personales). Una vez elegida la familia, seleccionamos el registro que queremos. Para dar más estructura a la base de datos, las columnas pueden tener columnas dentro, dando lugar a las llamadas supercolumnas. Incluso las familias de columnas pueden agrupar familias de columnas, es decir, se pueden tener superfamilias de columnas.

Esta idea sencilla funciona tan bien que podemos decir que las bases de datos orientadas a columna están en el corazón del diseño original de Google, de su capacidad para almacenar, buscar y mostrar información a un ritmo vertiginoso, o de Facebook con su base de datos Cassandra.

Por ello volveremos a hablar de esta especie al hablar de las grandes compañías y también al hablar del caso particular de la base de datos HBase.

BASES DE DATOS ORIENTADAS A GRAFO

Aún nos queda un tipo de bases de datos no relacionales, las llamadas orientadas a grafo. Un grafo es una estructura de datos muy utilizada en informática. Un buen ejemplo sería una red de carreteras. En un grafo hay dos tipos de elementos: *nodos*, que contienen información y que en el caso de las carreteras serían las poblaciones, y *aristas* que van de un nodo a otro nodo y que en nuestro ejemplo corresponderían con las carreteras. En realidad representar un grafo en una base de datos relacional es muy sencillo:

ORIGEN	DESTINO	DISTANCIA
Madrid	Zaragoza	314
Barcelona	Zaragoza	312
Madrid	Cádiz	651
...	...	...

En este caso, cada fila de la tabla relacional corresponde con una arista entre los nodos origen y destino (la distancia se puede ver como un valor añadido a la arista). Sin embargo, esta representación relacional tiene varios inconvenientes. En primer lugar, no parece que tenga sentido poner la distancia entre absolutamente todas las poblaciones. Esto daría lugar a una base de datos enorme. Lo lógico es representar solo cada tramo individual para a partir de esa información obtener la distancia entre ciudades que precisan de varios tramos. Por ejemplo, podemos calcular que la distancia entre Madrid y Barcelona es de 314+312 kilómetros (obviamente se trata de una aproximación, habría que tener en cuenta carreteras de circunvalación, etc., pero nos vale para este ejemplo). El problema es que hacer una consulta en el lenguaje SQL para obtener el camino más corto entre dos ciudades cualesquiera a partir de las distancias individuales es, sencillamente, imposible. Calcular recorridos en grafos es posiblemente uno de los puntos más débiles de las bases de datos relacionales. Y aquí es justamente donde las bases de datos orientadas a grafos se encuentran en su campo. No es de extrañar que la más famosa base de datos de este tipo, Neo4j, sea utilizada entre otros por la compañía de navegadores Tom-Tom. Las bases de datos orientadas a grafos son también muy útiles en el análisis de redes sociales y recomendadores. Los recomendadores son esos programas que, a partir, por ejemplo, de compras que hemos realizado o páginas que hemos visitado, nos sugieren otras compras o páginas que nos pueden interesar. El ya citado Neo4j es usado por la empresa eBay para mostrarnos productos que pudieran interesarnos al entrar en nuestra cuenta. Los recomendadores más complejos aprovechan incluso nuestras redes sociales, por eso muchas aplicaciones nos sugieren que entremos usando nuestra cuenta de Facebook. Para entender mejor esto, supongamos que utilizamos cierta aplicación imaginaria de nombre *¡póntelo!* que permite hacer compras de ropa por Internet. La aplicación nos pide registrarnos y nos sugiere hacerlo utilizando nuestra cuenta de Facebook para ahorrarnos tiempo. Al hacerlo, de paso, tenemos que aceptar que la aplicación recoja información de nuestros contactos. Como nos asegura que no va a publicar información en nuestra página ni escribir a nuestros amigos, aceptamos. Una vez hemos dado el permiso la aplicación detecta si alguno de nuestros amigos figura en su base de datos. Si en efecto alguno es usuario de *¡póntelo!* y ha realizado compras mediante la aplicación, la próxima vez que entremos en la aplicación nos sorprenderá ver que *¡póntelo!* nos ofrece en oferta unos zapatos muy bonitos, de un estilo similar a los que acostumbra llevar nuestro amigo. El principio es simple: gente que se mueve en círculos similares, tiene gustos similares. Pero la cosa va más allá. Como nuestros amigos también dieron consentimiento para entrar con Facebook, la aplicación buscará amigos de nuestros amigos y amigos de los amigos de nuestros amigos... todo un complejo grafo de relaciones que una base de datos orientada a grafos manejará a la perfección. La información proporcionada por estas aplicaciones o los anuncios que muestra nuestro navegador, pueden resultar útiles y ayudarnos a encontrar de forma sencilla el producto que buscamos, pero también puede darnos la sensación de que estamos siendo vigilados de forma inapropiada. Son los riesgos éticos del tratamiento masivo de datos, un tema del que con seguridad oiremos hablar cada vez más en un futuro muy próximo, sobre todo si tenemos en cuenta que las bases de datos orientadas a grafos han tenido un incremento del 500% en apenas dos años.

Hasta aquí la amplia variedad de especies de bases de datos NoSQL. Hay que aclarar que en todos los casos la exposición, necesariamente breve, que hemos hecho es, además, incompleta. Por ejemplo, las bases de datos clave-valor a veces ofrecen la posibilidad de estructurar, aunque sea un poco, el valor, que en realidad no es tan opaco como lo hemos pintado. Además, cada base de datos particular –y solo hemos mencionado unas pocas– tiene sus propias características, a menudo una mezcla de varias de las especies mencionadas. Es fácil entender ahora por qué se dice que estamos pasando por una *etapa políglota* en el mundo de las bases de datos NoSQL. Y la mayoría de los expertos mantiene que esta situación se mantendrá por largo tiempo, que no veremos, al menos a corto plazo, a ninguna base de datos NoSQL imponerse, sino que debemos habituarnos al nuevo ecosistema, más complejo, más confuso, pero también más flexible y potente que el que suponen las homogéneas bases de datos relacionales.

BIG DATA MÁS ALLÁ DE NOSQL

Ya en la década de 1960, antes de que el término Big Data se hiciera tan conocido, los grandes supermercados se dedicaban a hacer lo que entonces se conocía como "pesca de datos" o "dragado de datos". La idea era analizar las compras para descubrir los gustos y las tendencias de sus clientes. Esto se sigue haciendo hoy en día, desde el análisis de la compra realizada en cada caja de pago hasta la selección de "individuos tipo" o personas que consideran representativas de un segmento de población. El terminó "minería de datos" se acabó imponiendo en la década de 1990 y se asocia al análisis automático de grandes cantidades de datos con el objeto de extraer información como, por ejemplo, la relación entre datos aparentemente no conectados o anomalías que puedan significar fraudes o fallos en los sistemas. Generalmente se apoya en técnicas estadísticas y de inteligencia artificial para "exprimir" los datos, extrayendo gotitas de información sumamente valiosa. Por ejemplo, si el dueño de un supermercado detecta que un producto se compra más los martes lo tendrá en cuenta en su previsión de reposiciones. O si se descubre que productos aparentemente no relacionados se compran en general de manera simultánea, utilizará esta información para modificar la disposición de los productos dentro el supermercado.

La llegada de ingentes volúmenes de datos ha supuesto para la minería de datos la posibilidad de extraer más y mejor información. Para analizar estos datos, han surgido lenguajes específicos que merecen ser mencionados. Quizás el más conocido es el lenguaje R, creado en 1995 en la Universidad de Auckland, Nueva Zelanda. Se trata de un lenguaje con gran cantidad de librerías estadísticas que permite utilizar diversas técnicas habituales en el campo de la minería de datos. Otros lenguajes de programación de uso general como Python han desarrollado librerías o incluso versiones especializadas en la minería de datos y para entornos Big Data.

Tanto R como Python son magníficos a la hora de analizar los datos una vez que han sido recopilados. Sin embargo, y con el fin de no aumentar más la confusión en esta avalancha de términos, se debe dejar claro que R o Python no son "lenguajes Big Data", porque no están pensados para tratar con conjuntos de datos según las 3-V que definimos anteriormente. En particular, los lenguajes de análisis de datos solo cumplen la V referente a volumen, ya que en efecto suelen estar preparados para trabajar con muchos datos, pero no están pensados para procesar datos heterogéneos (variedad), y mucho menos para tratarlos según llegan (velocidad).

¿EL FIN DEL MODELO RELACIONAL?

De todo lo leído hasta ahora puede llegar a deducirse que lo que hemos llamado el reinado relacional ha llegado a su fin y que las nuevas bases de datos NoSQL han pasado a ocupar el trono, aunque como acabamos de ver se trate más bien de una gran cantidad de príncipes aspirantes pugnando entre sí. Esta sería una idea equivocada. Las bases de datos relacionales siguen siendo preponderantes, aunque hayan perdido algo de terreno. En 2013, el 90% de las bases de datos relacionales instaladas en el mundo eran relacionales. Dos años después esta cifra ha bajado a alrededor del 80%. Sin duda es una bajada importante, pero no como para pensar que las bases de datos relacionales han muerto. Los datos parecen indicar más bien que las empresas siguen confiando en sus sistemas relacionales ya en funcionamiento, pero que gran parte de las nuevas bases de datos son NoSQL. El modelo relacional sigue siendo válido para lo que siempre ha servido: problemas cuyo esquema (las tablas y columnas) pueda ser fijado durante su diseño y no vaya a sufrir apenas variaciones, en los que no se prevea una cantidad desmesurada de datos (vía web o desde dispositivos) que deban ser procesados sobre la marcha o para actualizaciones con datos muy sensibles como, por ejemplo, transacciones bancarias.

El pronóstico de la mayor parte de los expertos es que en los próximos años la tendencia a la baja de las bases de datos relacionales seguirá incrementando su ritmo y que en poco tiempo serán un competidor más en el discutido y apetecido trono de las bases de datos.

CAPÍTULO 3

LAS GRANDES COMPAÑÍAS O BIG DATA PUESTO EN PRÁCTICA

Si hemos visto que incluso un pequeño comercio electrónico puede encontrarse con problemas debido al tamaño de los datos generados, pongámonos en el lugar de las grandes empresas. ¿Cómo almacenan sus datos? ¿Cómo los gestionan? Comencemos por entender la magnitud del problema.

CÓMO EVITAR AHOGARSE EN UN MAR DE DATOS

En el primer capítulo hemos visto que la segunda revolución en el mundo de las bases de datos llegó cuando las cantidades de datos a tratar desbordaron las posibilidades del modelo relacional. Ha llegado el momento de precisar un poco esto. Hasta la llegada de Internet y los dispositivos móviles, cualquier experto en bases de datos hubiera dicho que las bases de datos relacionales eran justo lo que se necesitaba para tratar grandes cantidades de datos. En efecto, una base de datos relacional puede tratar sin problemas tablas conteniendo millones de filas. En primer lugar se ha hablado de los censos como ejemplo típico de volumen enorme de datos. ¿Es posible imaginar bases de datos más grandes que el censo de un país como China o India? Pues, en efecto, todos conocemos bases de datos mucho más grandes. Por ejemplo, 6.000 millones es el número de nuevos mensajes, incluyendo fotos, que añade Facebook a sus bases de datos cada día. Es decir, que un día cualquiera Facebook acumula más información que el censo total de población de China e India. Eso es Big Data. Como ya vimos al hablar de las 3-V, además del ingente volumen de datos, hay que tener en cuenta la velocidad –todo el mundo espera que cualquier mensaje que ponga en su muro de Facebook sea visible de forma instantánea por todos sus amigos–, y la variedad de contenidos. Todo un reto para cualquier tecnología.

Cuando las grandes empresas vieron que la cantidad de datos que necesitaban almacenar empezaba a no caber en sus discos, la primera, y muy lógica solución, fue adquirir discos más grandes y ordenadores con más memoria. El problema es que ordenadores más grandes significa mucho más dinero. A menudo, estos enormes equipos necesitan incluso personal dedicado a ellos y la inversión se vuelve difícil de asumir. Por ello, a mediados de la década de 1990 se popularizó una idea conocida desde bastantes años atrás pero no aplicada hasta entonces de forma masiva a las bases de datos: los clústeres de ordenadores. La idea consiste en tener una gran cantidad de ordenadores pequeños, que pueden ser incluso ordenadores domésticos de gama baja, conectados entre sí y trabajando de forma conjunta de forma que parezca que tenemos un gran ordenador. En el caso de una base de datos tendremos que distribuir los datos entre los diferentes ordenadores, pero de forma que a efectos del usuario de la base de datos siga viéndose como una única base de datos.

Por supuesto, si tenemos muchos ordenadores pequeños y baratos interconectados, es posible que de vez en cuando alguno se estropee y nos arriesgamos a perder parte de estos datos. Por eso, el programa que distribuye los datos se encarga de grabar cada dato en varios ordenadores distintos. Así se tendrá información repetida (algo que no hubiera gustado a Codd) y no habrá problema si algún ordenador se estropea. Los ordenadores, a los que se suele conocer como *nodos* del clústeres, se sitúan en bandejas superpuestas. Generalmente, estos ordenadores no tienen ni teclado ni pantalla, están conectados a otros nodos para compartir información. Podemos pensar en los nodos como las células de un organismo mayor, el clúster. Todos colaboran pero ninguno resulta imprescindible.

Esta idea fue, y aún sigue siendo, la verdadera revolución detrás de Big Data. La mayoría de las bases de datos NoSQL están pensadas para ser ejecutadas en clúster con muchos ordenadores interconectados, e incluyen la idea de la distribución y la redundancia de datos desde el primer momento. Un clúster puede alojar grandes volúmenes de información, y si se nos quedan pequeños podemos simplemente añadir más ordenadores al clúster sin tener que invertir en grandes superordenadores. Se dice que se trata de un modelo escalable: hacerlo más grande no conlleva grandes inversiones ni supone notables pérdidas de eficiencia. Los clústeres también ofrecen velocidad, ya que todos sus ordenadores trabajan en paralelo, cada uno sobre un fragmento de la base de datos. Veremos más adelante al hablar de la técnica *MapReduce* la importancia que tiene poder repartir el trabajo entre varias máquinas que procesan la información de forma simultánea.

Es justo este entorno altamente distribuido el que nunca ha resultado tan cómodo a las bases de datos relacionales y el que ha posibilitado la introducción de las bases de datos NoSQL. Cualquier persona con unos cuantos ordenadores de segunda mano y una base de datos NoSQL, gratuita y fácil de instalar, puede llegar a manejar ingentes cantidades de información de forma cómoda y barata, superando en eficiencia lo que hasta hace poco solo podían conseguir carísimas bases de datos alojadas en también carísimos ordenadores.

Las grandes compañías agrupan sus clústeres en los llamados *centros de procesamiento de datos*; a continuación, veremos algunas de sus características comunes.

EL LUGAR DONDE MORAN LOS DATOS

La joya de la corona Big Data, el centro de datos, almacena en forma generalmente de clúster los datos de las grandes organizaciones. Se suelen encontrar en lugares apartados y, a menudo, buscan pasar desapercibidos camuflándose en forma de naves industriales. Pero si accedemos a ellos, descubrimos lo último en tecnología y todo tipo de soluciones ingeniosas para que el corazón de los grandes datos siga latiendo.

Un punto fundamental es el consumo eléctrico. Los centros de proceso de datos alojados en Estados Unidos consumían en 2014 alrededor de 100.000 millones de kilovatios/hora de energía. Para hacernos una idea de lo que esto supone, en ese mismo año el gasto de energía para iluminación en hogares y locales comerciales en el mismo país era de 412.000 millones de kilovatios/hora. Es decir, el gasto energético de los centros de proceso suponía cerca de la cuarta parte del gasto total dedicado a iluminación en el país. Una cantidad enorme de energía que se va no solo en la corriente que hace funcionar los ordenadores, sino también en refrigeración. Los grandes servidores suelen alojarse en una sala conocida como "la pecera", "la nevera" o la "sala fría", que debe tener la temperatura ideal de entre 21° y 23° para asegurar la máxima duración de los equipos.

Pero ¿qué pasa si se corta la energía? Si todos los ordenadores se apagan, los datos se pierden, y esto no puede permitirse. Por ello algunos grandes centros suelen tener gigantescos motores eléctricos diésel, en algunos casos motores de los grandes trasatlánticos, para generar la electricidad necesaria. Como el motor auxiliar no se puede tener siempre en funcionamiento y tarda un tiempo en arrancar, durante esos minutos la energía la proporcionan miles de baterías de coche, que deben renovarse cada poco tiempo para asegurar su máxima eficiencia. Todo sea por los datos.

SIEMPRE NOS QUEDARÁ LA NUBE

La idea de los clústeres de ordenadores parece genial y el propietario de una pequeña empresa que vende por Internet puede pensar que los centros de datos son una exageración, que le basta con alojar un pequeño clúster en un rincón de su nave. No es una buena idea. Aunque más baratos, fáciles de instalar y mantener que los superordenadores, los clústeres siguen exigiendo unos conocimientos mínimos. Además, a pesar de que los datos están replicados y sabemos que no pasa nada cuando un nodo (ordenador) del clúster se estropea, no queremos correr el riesgo de que se apague el clúster entero por un corte de luz en el barrio o de que una inundación en nuestra nave estropee los datos de nuestros clientes en todo el mundo, con la siguiente pérdida de pedidos y de confianza. ¿Qué hacer para alojar nuestros datos?

La respuesta se les ocurrió a los propietarios de los centros de proceso de datos: permitir alojar datos ajenos en sus centros de datos pagando un cierto alquiler. Es lo que se llama "alojamiento en la nube". Utilizando el alojamiento en la nube, nuestros datos y páginas web se cobijan en los ordenadores protegidos de los grandes centros de proceso de datos, donde nos aseguran que no habrá caídas de tensión ni incendios que puedan dejar nuestra web sin servicio o perder nuestros valiosos datos.

La idea de nube no solo se aplica al almacenamiento de los datos y las páginas web, sino también a la gestión y análisis de los datos. Es lo que se llama computación en la nube. La idea es que podemos "alquilar" ordenadores que están alojados en centros de procesos de datos. En estos ordenadores podemos instalar nuestros propios programas (con algunas restricciones). Si en algún momento necesitamos más ordenadores, se alquilan, y si la necesidad baja, basta con no renovar el alquiler. De esta forma, los cómputos en la nube o *cloud computing* nos permiten adaptar los recursos que necesitemos para tratar los datos en cada momento, sin grandes inversiones en infraestructuras. Sabiendo esto es fácil entender el éxito de la propuesta y las grandes inversiones que han realizado empresas como Amazon con su servicio AWS (Amazon Web Services), el propio Google con su Google Cloud Platform o Microsoft con su servicio Azure.

Es conveniente aclarar que los ordenadores que alquilamos no existen físicamente, al menos como máquinas individuales, sino que los clústeres alojados en el centro de datos "simulan" ordenadores individuales con las características que desee el usuario, que en realidad está compartiendo recursos (discos, etc.) con el resto de máquinas virtuales contratadas por otros clientes.

En las siguientes páginas, veremos la importancia de Big Data en algunas empresas muy conocidas.

GOOGLE

La historia de Google recuerda a la de Microsoft y a la de otras muchas empresas de éxito en el mundo de la informática: dos amigos se conocen en una universidad, en este caso Larry Page y Sergey Brin en la Universidad de Standford en 1995. Un año más tarde crean un *motor de búsqueda* que permite encontrar páginas en la web con solo teclear unas palabras. El motor se llama primero BackRub y en 1998 pasa a conocerse como Google. El éxito se basa en las rápidas y precisas búsquedas que lleva a cabo un método que han definido ambos, el famoso PageRank. El problema es que para ello necesitan almacenar información, literalmente, de todas las páginas web disponibles en Internet. Lo que comienza siendo un pequeño *servidor de datos* hecho por ellos mismos (cuyo armazón estaba formado por piezas de lego), pronto es un sistema más y más complejo. ¿Cómo almacenar tanta información? Las bases de datos relacionales parecían no ser lo suficientemente rápidas y Google decidió en 2004 crear su propia base datos, la BigTable, capaz de almacenar petabytes de información. En lugar de comprar ordenadores gigantescos para tan gigantesco volumen de datos, la BigTable se encontraba distribuida entre clústeres de cientos de miles de ordenadores personales. Pronto las "granjas de ordenadores" de Google pasaron a representar el mundo de Big Data.

La BigTable era un buen invento, pero Google, tan generoso a la hora de localizar información ajena, solo recientemente ha querido compartir su secreto, cuando ya ha cambiado la BigTable por una nueva base de datos, Spanner.

Si bien la información sobre las bases de datos de Google se obtiene con cuentagotas, no podemos decir lo mismo de la información sobre sus centros de datos. Aquí no hay ni cuentagotas. Si buscamos en Google "Google data centers" obtenemos multitud de páginas del propio Google, todas llenas de fotos muy llamativas, y recorridos virtuales por algunos centros destacados, pero con poca información cuantificable. El último mapa con sus centros de datos señalados data de 2008. Se conoce la localización de al menos 36 grandes centros de datos de Google distribuidos por todo el mundo, en los que acumula alrededor de un millón de servidores, pero se supone que tiene que haber muchos más.

AMAZON

Como tiene que haber de todo, Amazon no fue fundada por dos amigos en una universidad americana. Su fundador, Jeffry Preston Jorgensen, más conocido como Jeff Bezos, tenía 30 años cuando decidió que la venta por Internet tenía un gran futuro. Examinó varios productos posibles y se decidió finalmente por los libros. El resto de la historia es bien conocido: Amazon es hoy en día la primera empresa de Internet en cuanto a facturación, por delante de Google, y Bezos ocupa el puesto 15 en la lista Forbes de los más ricos del mundo.

Igual que le había sucedido a Google y a otras compañías, Amazon encontró problemas cuando la cantidad de datos creció hasta desbordar las posibilidades de sus bases de datos relacionales. En 2007 la compañía desarrolló una base datos NoSQL clave-valor llamada Dynamo. El artículo en el que se daba a conocer esta tecnología es conocido como el más influyente en la corta historia de las bases de datos NoSQL. Poco después, la compañía mejoró Dynamo dando lugar DynamoDB, otra base datos Big Data.

Pero en lugar de guardarse su tecnología para manejar los datos de los pedidos de Amazon, la empresa vio inmediatamente que tenía una nueva oportunidad de negocio a través de los cómputos en la nube. Amazon fue una de las primeras empresas en ofrecer almacenamiento Big Data con NoSQL en sus centros de datos a través de DynamoDB, que almacena tres réplicas geográficamente distribuidas de cada tabla para mayor seguridad. Como sucede a menudo en el fenómeno Big Data, lo que para los expertos indica "más seguridad" a la mayor parte de la gente nos parece un tanto inquietante: en la nube, nuestros datos andan diseminados por cualquier lugar, duplicados o triplicados, puede que incluso en países diferentes. Parece que perdemos control sobre dónde están y puede que incluso sobre quién los puede ver o utilizar.

La idea de Amazon de ofrecer su base de datos NoSQL para alojar Big Data en entornos de nube ha sido un éxito. En 2013 la empresa facturó por este concepto 3.100 millones de euros y en 2014 un total de 4.600. Para que nos hagamos una idea, los servicios informáticos ofrecidos por Amazon representan alrededor de un 10% de su facturación total, lo que no está mal para la empresa de Internet con más beneficios del mundo, por delante de Google.

FACEBOOK

Volvemos a la universidad americana, está vez a Harvard en años tan recientes como 2003 y a otro grupo de amigos con Mark Zuckerberg a la cabeza. Se trata de una historia similar a las anteriores, además de uno de los casos más conocidos.

Cuando Facebook empezó a hacerse famoso fuera de la universidad, empezaron los problemas de escalabilidad, es decir, demasiados datos que manejar a un ritmo demasiado alto. Por entonces, Avinash Lakshman, uno de los creadores de Dynamo en Amazon, se había cambiado a Facebook y, junto con Prashant Malik, trabajaba en una nueva base de datos, Cassandra. Esta base de datos fue lanzada en 2008, pero lo hizo como código abierto, lo que significa que cualquiera puede utilizarlo. Y hoy en día, además de en Facebook, podemos encontrar Cassandra en Instagram, Spotify o eBay, entre otras muchas empresas.

Quizás sea este un buen momento para matizar un poco: por razones de brevedad y simplicidad, estamos asociando cada empresa con una base de datos, la más famosa de todas las bases de datos que usa o con la que en algún momento fue la más novedosa. Pero, en realidad, todas las empresas importantes utilizan distintos tipos de bases de datos, relacionales, NoSQL y de cualquier otra clase, cada una para un objetivo concreto. Y hacer este comentario al hablar de Facebook es pertinente, porque aunque Cassandra sea una base de datos NoSQL muy importante, y aunque fuera creada por la propia compañía, en la práctica solo es utilizada para las búsquedas en la bandeja de entrada de nuestra cuenta Facebook. Para el resto de sus aplicaciones, la compañía utiliza otras bases de datos NoSQL como Memcached, HBase o, sorpresa, una base de datos relacional de libre distribución, MySQL. En efecto, Facebook sigue confiando para labores primordiales como la gestión mensajes en el muro en las viejas y fiables bases de datos relacionales. La empresa cuenta con uno de los mejores grupos de programadores MySQL del mundo, y no piensa cambiar porque las modas digan lo contrario, mostrándonos de paso que las bases de datos relacionales siguen presentes. Así que cuando a un amante de las bases de datos relacionales se le dice que estas no pueden trabajar bien en clústeres, ni soportar Big Data, ya se sabe lo que se va a escuchar a continuación "¿Y qué me dices de Facebook con MySQL?".

Facebook tiene, que se sepa, cuatro grandes centros de datos en Estados Unidos y un quinto inaugurado en 2013 en Luleå, en el norte de Suecia, ya dentro del círculo polar ártico, con el objeto de ahorrar en los enormes costes de refrigeración. El centro tiene el tamaño de 300 por 100 metros y aprovecha las grandes centrales hidroeléctricas del norte de Suecia para obtener su energía. La idea ha tenido éxito, porque alrededor se han situado otros cinco centros de datos de diferentes compañías. Seguro que la mayoría de las personas nunca imaginó que las imágenes de Facebook o las de sus amigos descansan, cuando nadie las mira, en el círculo polar ártico.

INDITEX

Big Data no solo es útil para las empresas relacionadas con las tecnologías de la información. Inditex, el gigante español del sector textil creado por Amancio Ortega, que incluye Zara, Pull and Bear o Massimo Dutti entre otros, tiene su propio centro de datos en Arteixo (A Coruña). El centro incluye 4.000 servidores de alta densidad (entre los que no se incluyen los servidores de Zara.com, alojados en Irlanda). Aunque, al igual que todas las grandes empresas, Inditex no da detalles sobre las tecnologías que utiliza para gestionar sus datos, sí han dejado claro que están empleando tecnologías Big Data ya existentes. Gracias a la gestión eficiente de los datos, cuando un cliente no encuentra una talla de una prenda, Inditex garantiza que repondrá el producto en menos de 48 horas. Para hacerlo el sistema informático primero mira a ver si la prenda existe en el *stock* de una tienda o centro de distribución cercano, y en caso de que no sea así, es el propio sistema informático el que solicita la fabricación de nuevas prendas.

Esta velocidad de renovación y reposición, y sobre todo haberlo conseguido sustituyendo los clásicos enormes almacenes de prendas textiles por una gestión eficaz de la información, constituye buena parte del éxito de la marca. Pero no todo es gestión de *stock*. Inditex también aplica técnicas de minería de datos para averiguar, por ejemplo, qué prendas son compradas a la vez de forma habitual. Puede que los diseñadores piensen que este otoño se lleve la combinación de prendas verdes y grises, pero que al poco de lanzar las nueva línea de otoño descubran al analizar los datos recopilados de forma inmediata de sus alrededor de 7.000 tiendas en todo el mundo que una cantidad significativa de clientes prefieren combinar verde y morado. Un análisis de este tipo puede llevar a cambiar la gama de colores en fabricación sobre la marcha, aprovechando que las tiendas ofrecen nuevas prendas hasta dos veces por semana. A los datos de ventas recopilados por las tiendas, hay que añadir la información que se extrae sobre la navegación en las páginas de Internet de la empresa, la recopilada de forma automática por programas que examinan constantemente las redes sociales, etc. En resumen, el manejo de los datos permite a Inditex y a otras grandes compañías textiles descubrir nuevas tendencias de moda no solo consultando a especialistas, sino confiando en el criterio que marcan los propios clientes.

En los siguientes capítulos se examinarán más de cerca dos de los sistemas para Big Data más conocidos: Hadoop y MongoDB.

CAPÍTULO 4
HADOOP

Hadoop es lo que se ha dado en llamar "un ecosistema", es decir distintos componentes que colaboran para almacenar y procesar Big Data en centros de datos con clústeres formados por ordenadores de bajo coste. El núcleo de Hadoop fue creado en 2005 por Doug Cutting y Mike Cafarella basándose en las ideas de procesamiento MapReduce (que se comentará después) y el sistema de ficheros distribuido de la BigTable de Google, cuyos detalles fueron difundidos en esos años. Desde entonces ha crecido y ha ido incorporando nuevos componentes para facilitar el manejo de Big Data. Uno de estos componentes es HBase, una base de datos orientada a columna; Hive, que permite realizar consultas involucrando muchos datos utilizando un lenguaje estructurado similar a SQL que se utiliza para consultar tablas; o Pig, para procesar los datos mediante una sucesión de transformaciones encadenadas. Aunque Hadoop surge dentro de la empresa Yahoo!, en 2008, es acogida por la Apache Software Foundation, una organización sin ánimo de lucro que patrocina multitud de proyectos software y que tiene un especial interés en los sistemas para el manejo de Big Data. Como todo "proyecto Apache", Hadoop tiene una licencia de software libre que permite a cualquier persona o empresa utilizarlo sin tener que pagar nada. Por ello Hadoop ha ganado mucha popularidad y actualmente es usado por multitud de empresas a lo largo del mundo: Adobe, eBay, Facebook, IBM, Last.fm, LinkedIn, MercadoLibre, Rakuten, Spotify, Twitter, Yahoo!... Ni el nombre Hadoop ni su logotipo (un elefante amarillo) tienen detrás una intrincada historia ni son el resultado de sesudos estudios de mercadotecnia, sino que provienen de uno de los peluches favoritos del hijo de Doug Cutting. Esto nos da una pista del aspecto clave de Hadoop: a veces las soluciones simples son las mejores.

El núcleo de Hadoop lo forman dos componentes: el sistema de ficheros distribuido HDFS (Hadoop Distributed File System) y el modelo de procesamiento MapReduce. HDFS es el que permite almacenar los datos en un clúster, mientras que MapReduce es una forma de tratar los datos ya almacenados por HDFS. Ambos componentes colaboran estrechamente y permiten almacenar y procesar de manera eficiente cantidades de datos muy elevadas, del orden de cientos de gigabytes o varios terabytes. La idea esencial, lo que los hizo distintos y ha sido la razón de su éxito es la *distribución*: tanto el almacenamiento de los datos como su procesamiento se realiza repartiendo el trabajo entre los nodos del clúster. De esta manera, en un momento dado cada nodo, es decir cada ordenador individual, estará realizando una operación sobre un fragmento diferente de los datos. Al realizarse todas estas operaciones en paralelo, es decir de forma simultánea, el tiempo total para procesar el conjunto de datos completo se dividirá prácticamente por el número de equipos que podamos utilizar, cuantos más equipos más rápido.

HDFS

Como se ha dicho, HDFS es el sistema de ficheros distribuidos oficial de Hadoop y ha sido diseñado para funcionar eficientemente junto con el procesamiento MapReduce que se verá a continuación, así como para ser "tolerante a fallos". La tolerancia a fallos es un aspecto fundamental en cualquier sistema Big Data, ya que en un clúster con cientos o miles de ordenadores funcionando a la vez podemos asegurar por mero cálculo de probabilidad que cada día se estropearán varios equipos. En un ambiente tan proclive a fallos es imprescindible que la caída de algunos equipos no paralice el cómputo del actual, ni peor aún, que ciertos datos se pierdan para siempre.

Como hemos mencionado al introducir los clústeres, el problema de la tolerancia a fallos se resuelve mediante replicación, es decir, en lugar de almacenar cada fichero una sola vez, HDFS realiza varias copias y las almacena en los distintos equipos del clúster. Como estos ficheros pueden ser más grandes que la capacidad de disco duro de los equipos individuales, lo que hace HDFS es un poco más inteligente: divide cada fichero en fragmentos de tamaño manejable y para cada fragmento almacena varias copias en distintos equipos. Almacenar copias de cada fichero multiplica el gasto de disco duro, pero es el precio que hay que pagar por disfrutar de la tolerancia a fallos. De esta manera, un fichero de 10 GB puede ser dividido en 50 fragmentos de 200 MB cada uno (recordemos que 1 GB = 1.000 MB). Si por cada fragmento almacenamos tres copias, nuestro fichero original acabará generando 150 fragmentos de 200 MB (30 GB en total) que serán almacenados en los equipos de nuestro clúster. Imaginemos que numeramos los fragmentos y que el equipo número 1 de nuestro clúster datos almacena los fragmentos número 3 y 42 del fichero original. Si este equipo falla o se estropea, únicamente perderemos una copia de estos fragmentos, pero contaremos con dos copias más distribuidas en el resto de equipos de nuestro clúster que podremos utilizar para acceder a los datos. En resumen, podremos seguir accediendo a todo el fichero mientras el equipo 1 está siendo reparado o es sustituido por otro. Aparte de la tolerancia a fallos, la división en fragmentos que se almacenan duplicados en distintos equipos nos va a permitir leer un fichero mucho más rápido. Imaginemos que los equipos de nuestro clúster tienen una velocidad de transferencia de 600 MB por segundo (MB/s), lo que corresponde al estándar de conexiones conocido como SATA III. Si almacenamos el fichero de 10 GB en el disco duro de un solo equipo, este tardará 16,7 segundos en leer el fichero completo. Sin embargo, si lo hemos repartido en 50 fragmentos en diferentes equipos, podremos realizar la lectura de manera paralela en los 50 equipos a la vez. Cada equipo leerá su fragmento de 200 MB en 0,33 milisegundos (ms), lo que supone una mejora del 5.000% en la lectura del fichero.

Uno puede pensar que cuantos más ordenadores se tengan y más pequeños puedan hacerse los fragmentos del fichero, obtendremos mucha más velocidad pero no es así. La división de los ficheros en fragmentos de gran tamaño proporciona ventajas como amortizar el tiempo de lectura y facilitar la gestión de los fragmentos. Para entender el significado de "amortizar el tiempo de lectura" se volverá al mismo fichero de 10 GB del ejemplo anterior, que ha sido dividido en fragmentos de 200 MB entre 50 equipos. Cuando el equipo número 1 del clúster quiera leer el bloque 3, que le ha correspondido a él, tendrá que acceder a su propio disco duro. Los discos duros están formados por distintos platos giratorios apilados uno encima de otro y de unos cabezales que permiten leer cada plato. Para poder tener acceso a un fragmento, el disco duro necesita tiempo para mover el cabezal lector hasta el punto de inicio de los datos (llamado tiempo de acceso) y luego leer los datos gracias al movimiento de los platos (conocido como tiempo de transferencia de datos). El tiempo medio de acceso está en torno a los 15 ms y es un valor independiente del tamaño de los datos leídos (básicamente es buscar dónde comienzan y mover el cabezal hasta este punto), mientras que el tiempo de transferencia de datos sí que depende de la cantidad de datos leídos y de la tasa de transferencia concreta del disco duro. Con una tasa de transferencia de 600 MB/s, el tiempo de transferencia de todo el fragmento de 200 MB será de 333 ms. En total 15 ms + 333 ms = 348 ms. Como se puede ver, el tiempo de acceso (15 ms) es un despreciable 4% de los 348 ms necesarios para leer el fragmento completo. Si hubiésemos dividido el fichero en fragmentos más pequeños de 100 kB habría que hacer frente a dos problemas. El primero es que al acceder al disco duro para leer un fragmento concreto el tiempo de acceso no variará (15 ms), mientras que el tiempo de transferencia de datos será mucho menor, al ser el fragmento más pequeño: 0,17 ms. En este caso, el tiempo de acceso ya no sería despreciable sino que representaría el 98% del tiempo total (15,17 ms) necesario para leer el fragmento. Una situación así es completamente indeseable en Big Data, ya que la gran mayoría del tiempo empleado en leer datos se gastaría inútilmente en mover los cabezales de un lado a otro. El segundo problema sería que nuestro fichero de 10 GB estaría dividido en 100.000 fragmentos, y como queremos tener tres copias de cada uno, generarían 300.000 fragmentos a almacenar en el clúster (en lugar de los 150 que teníamos anteriormente). HDFS debe almacenar un registro con la información de qué fragmentos están en cada nodo del clúster para luego poder encontrarlos. A medida que crezca el número de fragmentos HDFS, necesitará más espacio para almacenar este registro y consultar qué fragmentos son de cada fichero y en qué equipo están almacenados y será una tarea cada vez más lenta y costosa. Es decir, hay que dividir el fichero en fragmentos pero de un tamaño razonable.

MAPREDUCE

MapReduce es un modelo de procesamiento distribuido, es decir, una forma de tratar cantidades masivas de datos repartidos en un clúster. Originalmente fue diseñado por los ingenieros de Google, que se enfrentaban a problemas de Big Data tales como procesar todos los enlaces que existían entre páginas web para calcular la *popularidad* de cada una. El rendimiento de MapReduce es muy alto, con un récord en ordenar 100 TB de información en 72 minutos utilizando 2.100 equipos.

MapReduce está muy ligado al sistema de ficheros distribuido HDFS, ya que se aprovecha de que los ficheros están divididos en fragmentos para acelerar el tiempo de cómputo. Su filosofía es mover el cómputo hasta los equipos donde están los datos en lugar de transportar los datos hacia el equipo o equipos donde queremos realizar el cómputo (como se hace usualmente). Como en Big Data se consideran datos del orden de gigabytes o terabaytes, este cambio de filosofía hará que se eviten muchas transferencias de datos de un equipo a otro a través de la red, resultando un tiempo total de ejecución mucho menor. Veamos un ejemplo para ilustrar esta ganancia considerando el mismo fichero de 10 GB. Una red usual tendrá una velocidad de 10 Gigabits por segundo (Gbps). Es importante darse cuenta (y cualquiera que haya contratado ADSL o fibra óptica en su casa lo habrá notado) que al hablar de redes la velocidad se mide en *bits* por segundo mientras que en los discos duros y otras unidades de almacenamiento esta se mide en *bytes* por segundo. Como un byte es un grupo formado por 8 bits, los 10 Gbps son equivalentes a 1,25 GB/s y por tanto los 10 GB se transferirán en 8 segundos. Esta cantidad puede parecer irrisoria, pero según vaya creciendo nuestro fichero de datos (y en Big Data lo hará) se irá haciendo mayor: 80 segundos para 100 GB, más de 13 minutos para 1 TB, 1 hora para 5 TB... Si por el contrario se sigue la filosofía de MapReduce y el programa se mueve hasta los equipos donde están almacenados los distintos fragmentos, el uso que haremos de la red será mucho menor. Un programa MapReduce puede ocupar en torno a 1 MB. Si transferimos este programa a los 50 equipos que alojan los fragmentos de nuestro fichero tendremos que mover 50 MB, que a 10 Gbps de velocidad se completará en 0,04 s. Esta cantidad es muy pequeña comparada con los 8 s que cuesta transferir los 10 GB, lo que nos proporcionará una mejora total que crecerá según aumente el tamaño de los datos.

El modelo MapReduce divide el cómputo en dos fases bien delimitadas e interconectadas: la fase Map y la fase Reduce. En ambas fases se aplica un programa proporcionado por el programador a un conjunto de datos de entrada. La diferencia principal es que la fase Map aplica el programa a los datos directamente según se leen del fichero de origen, mientras que la fase Reduce aplica el programa a los datos producidos por la fase Map convenientemente agrupados, permitiendo así agregar (sumar, calcular la media, obtener un listado, etc.) los datos similares. Por lo tanto, para ejecutar una tarea MapReduce un usuario solamente tendrá que proporcionar tres elementos: el fichero (o ficheros) de entrada, el programa Map y el programa Reduce. Con estos datos Hadoop lanzará el cómputo distribuido de manera transparente al usuario y almacenará los resultados en un fichero de salida.

Para explicar el funcionamiento de MapReduce se seguirá el ejemplo sencillo de contar el número de repeticiones de cada palabra que aparece en un fichero de texto, concretamente en estos versos de Gustavo Adolfo Bécquer:

1: *Por una mirada, un mundo,*
2: *por una sonrisa, un cielo,*
3: *por un beso... ¡yo no sé*
4: *qué te diera por un beso!*

Claramente un fichero de cuatro líneas de texto no es un ejemplo de Big Data, pero servirá para mostrar los principales pasos de MapReduce de manera sencilla. El resultado de contar las repeticiones será un listado de palabras junto con el número de repeticiones de cada palabra: (por, 4), (una, 2), (mirada, 1), (un, 4)... Este listado está representado como una secuencia de parejas (clave, valor) ya que este es el tipo de datos fundamental que utilizará MapReduce en todas sus fases. Para realizar una tarea MapReduce los pasos que realizará Hadoop serán:

1. Enviar programa Map. Lo primero es localizar todos los equipos de nuestro clúster que contienen un fragmento del fichero de texto. Cada fragmento tendrá varias copias, pero solo tendremos que localizar una copia de cada uno. Una vez localizados estos equipos, enviaremos una copia de nuestro programa Map a cada uno de ellos. A los equipos que ejecutan programas Map se los llamará equipos Map. En nuestro pequeño ejemplo se supone que el fichero está dividido en dos fragmentos: el primer fragmento contiene los versos 1 y 2, mientras que el segundo contiene los versos 3 y 4.
2. Aplicar Map. Cuando los equipos Map reciben el programa pueden comenzar a procesar su fragmento de manera *completamente simultánea e independiente* los unos de los otros. Para ello cargarán el fragmento y

generarán una pareja (clave, valor) por cada línea leída. En este ejemplo, la clave será el número de verso y el valor será el verso correspondiente: (1, "Por una mirada, un mundo,"), (2, "por una sonrisa, un cielo,"), etc. El equipo Map ejecutará el programa Map *con cada una de las parejas generadas* y almacenará los resultados obtenidos. Para el ejemplo de contar palabras el programa Map simplemente tendría que recorrer cada verso, detectar las palabras que aparecen ignorando mayúsculas y minúsculas y signos de puntuación y contar su número de repeticiones. Como ya se ha comentado el tipo de datos básico en MapReduce son las parejas, así que el programa Map recibe una pareja y debe generar cero, una o varias parejas como resultado. Al ejecutar el programa Map con la pareja de entrada (1, "Por una mirada, un mundo,"), este generará una pareja por cada palabra detectada y su número de repeticiones: (por, 1), (una, 1), (mirada, 1), (un, 1) y (mundo, 1). En este caso todos los valores son el número 1, pero si hubiese repetición de palabras dentro del mismo verso este número podría ser mayor.

3. Agrupar. Antes de comenzar la fase Reduce es necesario esperar a que todos los equipos Map hayan terminado de ejecutar el programa Map con todas sus parejas. Esto es así porque previamente es necesario agrupar todas aquellas parejas que tengan la misma clave para que se procesen juntas en el mismo equipo. Para ello cada equipo asignado para ejecutar el programa Reduce (que llamaremos equipos Reduce) recibirá el programa Reduce a ejecutar junto con información de qué claves debe procesar y en qué equipos están. Con esta

información el equipo Reduce contactará con los equipos Map que tiene los resultados de esas claves, recuperará las parejas y las agrupará en parejas (clave, lista de valores). De esta manera si un equipo Reduce se encarga de la clave *por* y esta se encuentra en el equipo Map número 1, que ha generado las parejas (por, 1) y (por, 1), y el equipo Map número 2, que ha generado dos parejas (por, 1) y (por, 1), el equipo Reduce deberá recuperar todas ellas y agruparlas en una sola pareja (por, [1, 1, 1, 1]). El agrupamiento utiliza la misma clave pero combina los distintos valores encontrados dentro de una secuencia, representada aquí entre corchetes.

4. Ejecutar Reduce. Tras la fase de agrupamiento, cada equipo Reduce puede proceder de manera simultánea ejecutando el programa Reduce con cada una de las parejas obtenidas en la fase anterior. El procedimiento es muy similar al caso del programa Map: por cada pareja el programa Reduce puede generar 0, 1 o varias parejas resultado. En nuestro ejemplo de contar repeticiones de palabras el programa Reduce generará únicamente una pareja por cada pareja de entrada. Dada la pareja (por, [1, 1, 1, 1]) que recibe el programa Reduce, este tendrá que sumar los valores entre corchetes, produciendo la pareja de salida (por, 4). Como se puede ver la pareja de entrada expresa que la palabra "por" aparece en cuatro líneas exactamente una vez y la pareja de salida agrupa esos valores expresando que "por" aparece en total cuatro veces en todo el fichero.
5. Propagar el resultado. Una vez que todos los equipos Reduce terminan con su labor, los parejas producidas se vuelcan en un fichero de salida que también es

almacenado de manera distribuida y duplicada en HDFS. De esta manera, la salida de esta tarea MapReduce podrá ser utilizada como fichero de entrada de otra y encadenar así varias tareas MapReduce para resolver un problema más complejo.

FIGURA 1

ETAPAS DE LA FASE MAP

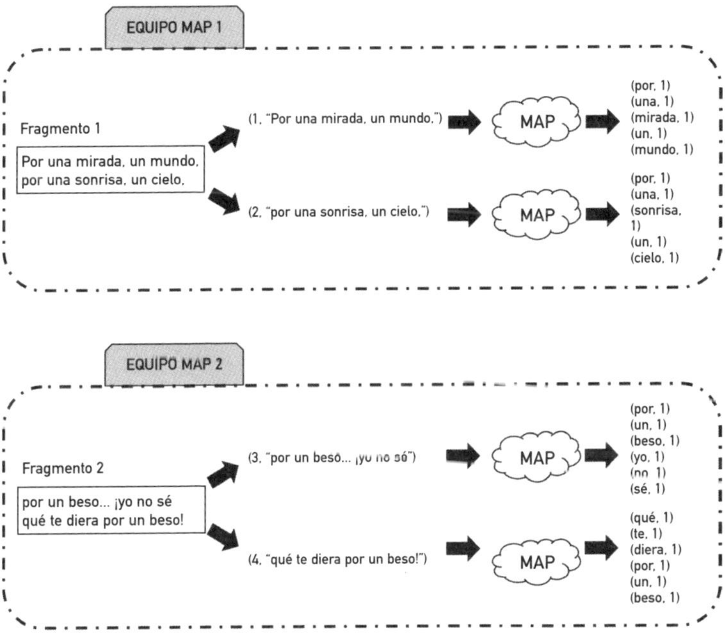

Las figuras 1 y 2 muestran el proceso completo necesario para contar el número de repeticiones de palabras en el poema de Bécquer. La figura 1 muestra las distintas etapas de la fase Map desde la lectura del fichero de entrada hasta la generación de parejas en los equipos Map. Como se puede observar, se han utilizado dos equipos Map ya que el fichero de entrada está dividido en dos fragmentos.

FIGURA 2

ETAPAS DE LA FASE REDUCE

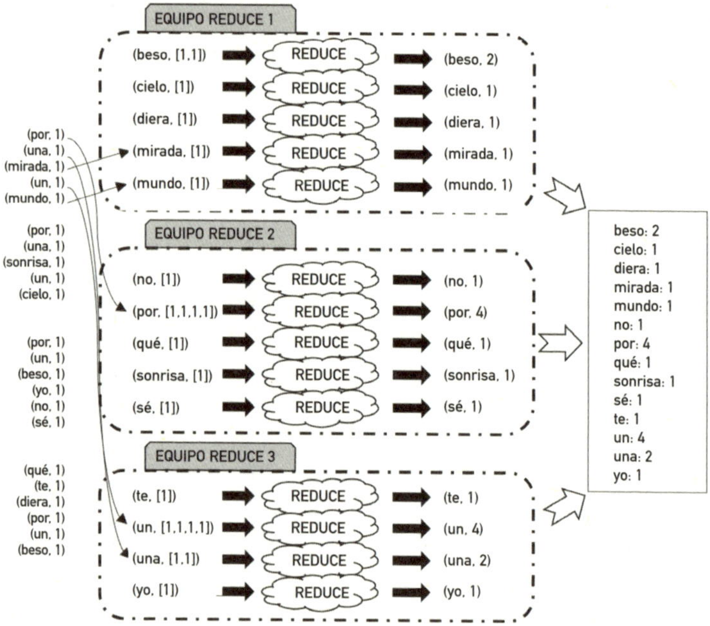

La figura 2, por otro lado, ilustra las etapas para aplicar la fase Reduce a partir de la salida de la fase Map. Se ha optado por utilizar tres equipos para la fase Reduce: el primer equipo se encarga de las palabras de la A a la M, el segundo de la N a la S y el tercero de la T a la Z. Para no complicar demasiado la ilustración solo se han incluido las flechas que indican el encaminamiento de las parejas a su equipo Reduce para el primer bloque. El número de equipos a utilizar en la fase Reduce es un parámetro de configuración que se escoge al lanzar la tarea MapReduce en Hadoop y que en este ejemplo podría haber sido uno, dos o incluso un valor mayor que tres. La elección de cuántos equipos Reduce utilizar es una decisión que depende mucho del problema a resolver y de la cantidad de equipos disponibles, así que se debe elegir con cuidado para maximizar el rendimiento de la tarea MapReduce.

Como se dijo al inicio del capítulo, Hadoop es un sistema diseñado para ejecutar tareas en clúster formados por muchos equipos de bajo coste en los que es bastante usual que algún equipo falle. Por ello, la ejecución de tareas MapReduce está preparada para superar cualquier fallo de manera ágil y poder continuar con el cómputo sin perder datos y sin tener que volver a empezar de nuevo. HDFS proporciona una primera seguridad, ya que almacena cada fragmento de archivo de manera duplicada. A la hora de procesar un fragmento en la fase Map podrá escogerse cualquier equipo que tenga una copia. Si algún equipo está caído podrá elegirse otro que tenga una copia de ese fragmento para que sea un equipo Map. Otro punto donde pueden ocurrir fallos es al comenzar la fase Reduce. Cada equipo Map produce una serie de parejas resultado y la almacena en su disco duro local. ¿Por qué no en HDFS y así tener varias copias? Primero porque estas parejas producidas por los equipos Map son un resultado intermedio que no tiene valor por sí mismo: solo son útiles para la fase Reduce siguiente y, de hecho, si las tuviésemos almacenadas en HDFS, lo primero que se haría al terminar la tarea MapReduce sería borrarlas para que dejasen de ocupar espacio. La segunda razón es que volcarlas en HDFS obligaría a realizar copias y transmitirlas a otros equipos, penalizando el tiempo total de ejecución. Pero si estas parejas intermedias están almacenadas únicamente en el disco duro local de un equipo Map y este deja de funcionar, el equipo Reduce que necesite esas parejas no podrá continuar. En estos casos en los que un equipo Map falla durante su ejecución o en algún momento antes de que se obtengan todas sus parejas, la solución es repetir la ejecución en otro equipo que tenga una copia del fragmento. Como se ve, HDFS vuelve a salvar la situación. Por último, si un equipo Reduce falla en algún momento antes de volcar las parejas resultado en el fichero HDFS final, la solución será escoger otro equipo del clúster como equipo Reduce y encargarle procesar las mismas parejas. De esta manera, se ve que los equipos pueden fallar en cualquier momento antes o durante la ejecución de la tarea MapReduce, pero que la solución siempre es la misma: escoger otro equipo y repetir la parte concreta de la tarea que ha fallado. El resto de partes de la tarea no sufrirá ninguna modificación y la tarea MapReduce total sufrirá únicamente una penalización pequeña por tener que repetir una pequeña parte de su ejecución.

OTROS COMPONENTES DE HADOOP

El núcleo de Hadoop está formado por el sistema de ficheros distribuido HDFS y el modelo de procesamiento MapReduce, pero a lo largo de los años se han ido desarrollando nuevos componentes para mejorar y facilitar el uso de Hadoop. Gracias a todos estos componentes Hadoop no es conocido actualmente como un sistema para Big Data, sino como un ecosistema formado por multitud de componentes para resolver problemas de Big Data. En esta sección se mostrarán algunos de estos componentes.

Antes de poder ejecutar una tarea MapReduce o incluso almacenar un fichero de manera distribuida en HDFS es necesario disponer de un clúster con todos los equipos configurados y el software adecuado instalado. Como un clúster puede tener un número muy alto de equipos (cientos o incluso miles) queda claro que no es posible recurrir a personas que vayan haciendo esta tarea de manera manual en cada equipo. Para resolver estos problemas existe el componente Ambari, encargado de aprovisionar los equipos (instalar los programas necesarios), administrar los componentes (arrancar o parar estos programas) y monitorizar el clúster (ver datos en tiempo real de la salud de los equipos y enviar alertas cuando falla algún equipo). Gracias a Ambari la gestión del clúster se puede realizar por una sola persona de manera automatizada.

Otro problema a resolver antes de realizar una tarea MapReduce es contar con los datos de entrada necesarios, que se querrán tener almacenados en ficheros HDFS. Sin embargo, nuestros datos seguramente estén repartidos en distintas fuentes muy variadas: tablas en una base de datos relacional con una estructura muy definida, quizá entradas semiestructuradas provenientes de una base de datos orientada a columna como HBase o incluso otros ficheros de texto del que se desconoce completamente su estructura. El componente de Hadoop que facilita la transferencia entre estas fuentes de datos es Sqoop, gracias al cual se podrá tomar datos de distintas fuentes y volcarlos a ficheros HDFS de manera eficiente.

El modelo MapReduce evita que el programador deba controlar muchos detalles sobre la ejecución distribuida y únicamente requiere que este escriba dos programas para procesar y generar parejas: los programas Map y Reduce. Aunque estos programas suelen ser cortos y no demasiado complicados, sí que exigen que el programador conozca el lenguaje de programación (en Hadoop este lenguaje es Java) y escriba estos programas correctamente, sin errores. Para facilitar esta etapa se han desarrollado algunos componentes para conseguir que cualquier usuario (y no solo programadores) puedan realizar cómputos de Big Data. Para ello se han creado lenguajes de consulta de alto nivel que ocultan los detalles del modelo MapReduce. El aspecto más interesante de estos lenguajes es que de forma interna traducen las consultas expresadas por los usuarios en una o varias tareas MapReduce altamente optimizadas que se ejecutan en el clúster de manera totalmente transparente al usuario. Entre estos componentes destacan Hive y Pig. Hive permite un manejo orientado a tablas y utiliza un lenguaje de consultas similar a SQL, por lo que resulta muy atractivo para usuarios con experiencia en bases de datos relacionales. Por otro lado, Pig proporciona un manejo basado en flujos de datos: el usuario define transformaciones que se aplican a un flujo de datos y establece cómo se encadenan estas transformaciones. Por ejemplo, se puede crear un flujo de datos a partir de un fichero HDFS, luego aplicar un filtro para quedarse con las líneas que contienen más de 10 palabras, después transformar todas las palabras a mayúsculas, etc.

La minería de datos es una labor para la que también existe un componente específico en Hadoop, llamado Mahout. En Big Data es usual tener una grandísima cantidad de datos procedentes de distintas fuentes: por ejemplo, compras realizadas en todas las tiendas de la empresa, información de los usuarios que compran *on-line* o los que utilizan tarjetas de fidelización para acumular descuentos, información detallada sobre los trabajadores y las tiendas, etc. Pero los datos por sí solos no generan ningún valor, por mucho volumen que tengan. Lo verdaderamente importante es extraer conocimiento o información de ellos. Este conocimiento nos permitirá entender mejor la realidad de nuestra empresa y tomar mejores decisiones. Por ejemplo, puede resultar muy interesante detectar que nuestros clientes *on-line* se pueden agrupar en tres clases: los compradores compulsivos, que cada vez que van a comprar se llevan muchos artículos, los compradores *fashion*, que solo compran productos de la última temporada y los compradores clásicos, que compran artículos que llevan mucho tiempo en el catálogo. Con este conocimiento se puede diseñar mejor la página web o realizar campañas publicitarias dirigidas. También es muy interesante catalogar un cliente nuevo y decidir a qué otros clientes se parece para ofrecerle promociones determinadas. O incluso podemos detectar que existe una correlación entre las ventas de un producto en una tienda concreta y la temperatura exterior. Una correlación no significa una relación causa-efecto, pero puede ser un síntoma de algo más grande. Al igual que en la minería tradicional el metal precioso está bajo tierra y hay que llegar hasta él para conseguirlo, en Big Data el conocimiento está enterrado en los datos y hace falta un esfuerzo de *minería* para extraerlo. El campo de la minería de datos está muy desarrollado y existen técnicas conocidas para distintas tareas: clasificar un cliente, agrupar los clientes en conjuntos similares, detectar correlaciones entre distintos aspectos...

Algunas de estas técnicas admiten una ejecución distribuida y se pueden expresar como tareas MapReduce; sin embargo, escribir el código de los programas Map y Reduce es una tarea proclive a fallos. Para solucionar este problema, el componente Mahout proporciona distintas técnicas de minería de datos, previamente adaptadas y optimizadas a MapReduce para que cualquier usuario las pueda utilizar.

Por último, hay que mencionar que dentro de la Apache Software Foundation han aparecido otros modelos de cómputo distribuido, como Spark, alternativos a MapReduce. Este modelo se gestó en 2009 en el laboratorio AMPLab de la Universidad de California Berkeley, aunque en 2013 fue donado a la Apache Software Foundation. Muestra de su potencial es que ha conseguido batir el récord de ordenación tanto en tiempo como en número de equipos utilizados: fue capaz de ordenar 100 TB de datos en 23 minutos usando 206 equipos (frente a los 72 minutos usando 2.100 equipos de Hadoop utilizando MapReduce). La idea principal de Spark es que evita al máximo cualquier transferencia a disco duro y mantiene los datos en la memoria de los equipos. Como la memoria es mucho más rápida que el disco duro, permite llegar a unos tiempos de ejecución que son hasta 100 veces menores que MapReduce. En caso de fallo de equipos vuelve a repetir todas las operaciones que había realizado el equipo caído y únicamente cuando ha terminado con todas las operaciones vuelca los resultados a ficheros HDFS. Debido a la popularidad de Spark, el componente Mahout ha comenzado a adaptar algunas de sus técnicas de minería de datos también a este modelo.

HADOOP POR LAS NUBES

Se ha visto que Hadoop es en realidad un conjunto de muchos componentes pensados para aprovechar las características de Big Data en clúster. A lo largo de esta sección se ha hablado en varios momentos de estos clústeres y puede parecer que para disponer de Hadoop es necesario comprar varios equipos físicamente, encontrar un lugar para colocarlos y conectarlos. Sin embargo, gracias a los cómputos en la nube esto no es necesario. Los distintos componentes de Hadoop están diseñados para funcionar en equipos de bajo coste, pero no importa si estos están físicamente en una habitación o son equipos virtuales localizados en cualquier parte del mundo que han sido alquilados a compañías como Google o Amazon. De esta manera, cualquier pequeña o mediana empresa puede hacer uso de Big Data sin necesitar una inversión inicial elevada. Por un lado, dispone de todo el ecosistema de Hadoop, que es software libre y gratuito y, por otro, utiliza máquinas virtuales alquiladas que pagará dependiendo únicamente del tiempo que use. Se ve, por tanto, que de la combinación de Hadoop y la nube surge una manera eficaz para que cualquier institución pueda sacar provecho de Big Data.

CAPÍTULO 5

MONGODB

MongoDB es un claro ejemplo de la corriente NoSQL de bases de datos orientadas a Big Data. A diferencia de las bases de datos tradicionales basadas en tablas y SQL, MongoDB surge desde un principio con una idea clara: almacenar grandísimas cantidades de datos. Justo de esa idea surge su nombre, de la palabra inglesa *humongous* que significa "enorme". MongoDB comparte características comunes a otras bases de datos NoSQL; además de ser de creación reciente (surgió en 2007), tiene una licencia de software libre que permite que cualquier usuario, persona o empresa pueda utilizarlo sin limitaciones y sin pagar nada. Aparte de permitir almacenar grandes cantidades de datos, MongoDB proporciona esquema de datos flexibles, al igual que otras bases de datos NoSQL. En particular, se trata de una base de datos orientada a documento. Un esquema de datos flexible tiene sus puntos buenos y sus desventajas, como se comentará más adelante, pero suele ser una característica interesante en sistemas Big

Data donde existe gran variedad de fuentes de datos diferentes y estas cambian de manera dinámica. Por todas estas razones, MongoDB es una base de datos que ha sido elegida por empresas con grandes necesidades de almacenamiento y acceso a datos de manera eficiente como el sitio de subastas eBay, el buscador web Yandex, la red social FourSquare o la empresa de software multimedia Adobe.

EL MODELO DE DATOS

Como ya se ha comentado, las bases de datos más comunes son las relacionales, cuya idea principal es almacenar la información en tablas. Para extraer los datos de la base de datos se usará consultas SQL que combinan las distintas tablas para reconstruir toda la información que buscamos. En una base de datos relacional podría tenerse una tabla de usuarios llamada *personas* para almacenar el DNI, nombre y edad:

TABLA PERSONAS

DNI	NOMBRE	EDAD
00A	señora Abadía	65
11B	señor Abadejo	54

Esta tabla es sencilla y eficaz si lo único que se quiere almacenar es el DNI, el nombre y la edad. De hecho, antes de poder introducir alguna fila en la tabla, la base de datos relacional nos obligará a definirla perfectamente: especificar qué nombre tiene, cuántas columnas tiene, cómo se llama cada columna y qué tipo de datos (enteros, cadenas de texto, fechas, etc.) contiene. En este caso, tendría que especificarse a la base de datos que queremos tener una tabla llamada *personas* con tres columnas: la primera se llama *DNI* y almacena una secuencia de letras y números; la segunda se llama *nombre* y almacena una cadena de texto; la tercera se llama *edad* y almacena un número positivo. Opcionalmente, le podremos indicar a la base de datos que la columna *DNI* es especial porque es la clave primaria de la tabla, es decir, los valores de la columna *DNI* deben ser únicos y no se pueden repetir. Solo una vez que hemos definido perfectamente la tabla que queremos usar, la base de datos nos va a permitir introducir filas en ella. Debido a esta rigidez que exhiben las bases de datos relacionales se dice que tienen esquema de datos estricto: cada tabla tienen un número exacto de columnas, con un nombre concreto y un tipo de datos concreto. Esta rigidez no viene impuesta de manera arbitraria (nada más lejos), sino que la base de datos la requiere para asegurarnos cierta consistencia de los datos insertados. Las ideas de Codd una vez más. La consistencia de datos es vital en bases de datos ya que nos garantiza que los datos tienen un *aspecto* determinado. Se puede imaginar, por ejemplo, que al recorrer la tabla *personas* se encuentra una fila como la siguiente:

78	23/06/2012	bertoldo@ucm.es

Claramente esta fila es un "objeto extraño": donde esperábamos un DNI aparece un número (¿qué será: una edad, un número de piso, la cantidad de libros que posee?), donde esperábamos un nombre encontramos una fecha (¿nacimiento, comunión, boda?) y donde deberíamos ver una edad encontramos una cadena de texto con aspecto de dirección de correo electrónico. Definitivamente, esta fila no tiene ningún sentido, debería descartarse. Sin embargo, produce una sensación muy inquietante: ¿cuántas filas más habrá que no tengan sentido? Esta base de datos no parece digna de confianza y la llamaríamos *inconsistente*, algo grave para una base de datos relacional porque significa que no sabemos exactamente qué información almacena. Al fin y al cabo ¿qué sentido tiene una base de datos sin estar seguros de sus datos?

Para evitar una situación como esta es para lo que la base de datos va a utilizar la definición tan detallada de la tabla *personas* que se ha proporcionado. Si alguna vez intentamos insertar la fila (78, 23/06/2012, bertoldo@ucm.es) la base de datos va a comprobar fácilmente que: a) el DNI es 78 en lugar de una secuencia de números y letras, b) el nombre es una fecha estilo día/mes/año y no una cadena de texto, y c) la edad es una cadena de texto en lugar de un número. Como esta fila no cumple con lo que declaramos que se puede almacenar en la tabla, la base de datos relacional va a comunicar un error. En ningún momento va a intentar insertar la fila en la tabla, nada se va a modificar. La base de datos va permanecer en un estado consistente, donde todas las filas siguen un formato. De la misma manera, la base de datos se va a preocupar de verificar que la columna que hemos declarado como clave primaria contenga valores únicos. Si en algún momento trato de insertar una fila cuyo DNI ya aparece en la tabla *personas*, la base de datos comunicará un error y no insertará la fila.

La restricción de unicidad de claves primarias nunca será violada.

Disponer de un esquema de datos estricto es imprescindible para garantizar la consistencia de la base de datos, pero en algunas circunstancias puede ser una traba. ¿Qué ocurre si no estamos cien por cien seguros de cuántos datos diferentes queremos almacenar en cada fila? ¿O si no sabemos el tipo de datos de cada columna? Sin esta información no podemos definir la tabla, y sin definirla previamente no va a poder insertarse en la base de datos.

Para solucionar este problema, MongoDB ofrece un esquema de datos flexible. Como los datos en Big Data proceden de muchas fuentes diferentes, es muy fácil que no se conozca de antemano qué columnas contiene cada una o, peor aún, esta organización puede cambiar en cualquier momento. Por ello, MongoDB adopta una postura de máxima flexibilidad: no nos exige una definición detallada de qué valores va a almacenar. Vemos que debido a esta diferencia la terminología cambiará ligeramente. En bases de datos relacionales hablamos de tablas, una estructura cuadriculada para almacenar datos. Todas las filas tienen el mismo aspecto y almacenan el mismo número de datos. Por otro lado, MongoDB trabajará con colecciones, que son simplemente secuencias de elementos. Estos elementos pueden contener distinto número de datos de distinto tipo, pero MongoDB no impondrá ninguna restricción a la hora de insertarlos en la misma colección. Por poner un ejemplo, podría tenerse una colección llamada *persona* con los siguientes tres elementos:

```
{DNI: 00A, nombre: "señora Abadía", edad:65 }
{DNI: 22C, nombre: "señor Holmes"}
{edad: 43, nickname: "abadejo_lover", email: "pepito@ucm.es"}
```

A partir de ahora se representarán los elementos con los que trabaja MongoDB como una secuencia de parejas *atributo: valor* encerradas entre llaves. Esta notación escogida por MongoDB es conocida como *JavaScript Object Notation* (JSON), notación prestada del lenguaje de programación *JavaScript* que permite expresar objetos o elementos de manera simple y concisa. Concretamente, MongoDB llamará a cada uno de estos elementos entre llaves *documentos*. Volviendo a la colección *persona* vemos que el primer documento contiene tres datos: para el atributo *DNI* almacena el valor 00A, para el atributo *nombre* almacena el valor "señora Abadía" y para el atributo *edad* el valor 65. Ninguno de los tres documentos de la colección tiene los mismos atributos que los demás, sin embargo, esto no es ningún problema para MongoDB a la hora de incorporarlos en la misma colección. Si el día de mañana se quiere insertar nuevas personas con un atributo extra, como *nacionalidad*, tampoco será ningún problema para MongoDB ni nos veremos forzados a modificar los documentos anteriores para añadirlo.

Está claro que esta flexibilidad es muy cómoda si se quiere tener colecciones con cierta heterogeneidad, y permite la adaptación a cualquier cambio futuro de manera sencilla. Sin embargo puede llevar a situaciones poco deseables debido a confusiones. Imaginemos que en la colección *personas* se almacena información de personas, y como el DNI es un valor único lo quiero usar para realizar búsquedas. Se ha volcado una gran cantidad de información en esta colección:

```
{DNI: 00A, nombre: "señora Abadía", edad: 65 }
{DNI: 11B, nombre: "señor Abadejo", edad: 54 }
{DNI: 34X, nombre: "señora Zirigay", edad: 29 }
```

En un momento dado añadimos una persona que se nos había olvidado, pero por una confusión usamos el atributo *id* en lugar de *DNI*.

```
{id: 95D, nombre: "señor Lastone", edad: 35}
```

MongoDB no puede avisar de este error porque ¿cómo sabe que es un error? MongoDB almacena cualquier documento en una colección, y este documento con información del señor Lastone es un documento tan válido como cualquier otro. Al contrario que en las bases de datos relacionales, nunca informamos a MongoDB de qué aspecto deben tener los documentos de una colección, y sin esta información no puede detectar que ese *id* debería ser *DNI*. Aunque pequeña, esta confusión puede llegar a ser muy incómoda. Cuando en el futuro queramos buscar los datos del señor Lastone, indicaremos a MongoDB que encuentre el documento de la colección *personas* con atributo *DNI* = 95D. MongoDB recorrerá la colección e indicará que esa persona no existe en la colección. Y tendrá razón: no hay ningún documento con atributo *DNI* = 95D, sino con id = 95D. Esta simple confusión nos impide acceder a los datos, con todo el perjuicio que ello puede conllevar. Un solo error y hemos acabado con una base de datos poco utilizable… Aunque parezca triste, no existe solución a esta situación (salvo tener más cuidado), este es el precio de la flexibilidad. La flexibilidad es una característica muy importante en las bases de datos para Big Data, pero es incompatible con la seguridad total: tenemos flexibilidad para incluir información heterogénea en los documentos, pero también la tenemos para equivocarnos y escribir mal el nombre de un atributo. En la decisión entre flexibilidad y seguridad total MongoDB, al igual que la mayoría de bases de datos NoSQL, elige flexibilidad. Como usuarios tenemos el poder de almacenar cualquier documento en una colección, pero también tenemos la responsabilidad de asegurarnos de que los documentos introducidos son coherentes.

DATOS CON ESTRUCTURA INTERNA, ¡POR FIN!

En las bases de datos relacionales almacenamos los datos en tablas definidas previamente. Esta definición incluye el número y nombre de las columnas, pero también el tipo de datos que almacena cada una. Existen muchos tipos predefinidos: texto, fechas, números enteros, número reales... pero todos estos tipos de datos tienen la propiedad de ser *atómicos*, es decir, en cada celda guardaremos valores indivisibles.

Restringir la información almacenada a valores atómicos es más seguro y más ordenado, pero sin duda también menos flexible. Y como ya se ha comentado, la flexibilidad es una característica muy importante en las bases de datos NoSQL como MongoDB. Por ello MongoDB nos va a permitir que los atributos tengan tres tipos de valores posibles:

1. Valores atómicos como en las bases de datos relacionales.
2. Otros documentos encerrados entre llaves.
3. Secuencias de valores.

Como se puede ver, las posibilidades de incluir información en MongoDB con cualquier estructura interna son prácticamente ilimitadas. Veamos un ejemplo de documento con todos estos ingredientes:

```
{DNI: 00A,
Nombre: "señora Abadia",
Edad: "65",
Aficiones: ["deportes", "cine", "gastronomia"],
Direccion: { via: "c\ Mayor",
numero: 4,
municipio: "Madrid",
CP: 28080}}
```

En este documento los primeros tres atributos son atómicos: el *DNI* contiene una secuencia de letras y números, el *nombre* es una cadena de texto y la *edad* es un número. Sin embargo, el cuarto y quinto atributo tienen una estructura mucho más rica. El atributo *aficiones* contiene una secuencia de aficiones, donde cada afición es una cadena de texto. Y el atributo *dirección* contiene como valor otro documento completo formado a su vez por cuatro atributos atómicos:

```
{via: "c\ Mayor", numero: 4, municipio: "Madrid", CP: 28080}
```

Nada nos impediría tener una estructura aún más profunda, por ejemplo, almacenar una secuencia de documentos en el atributo *aficiones*:

```
aficiones: [{nombre: "deportes", grado: "medio"}, {nombre: "cine", grado: "alto"}]
```

Incluso tener más documentos anidados en el atributo *dirección*:

```
direccion: via: {tipo_via: "calle", nombre: "Mayor"}, ...}
```

Esta flexibilidad que proporciona MongoDB con su notación JSON hará que se pueda almacenar la información en documentos con la organización que resulte más cómoda, evitando los pasos de descomposición en valores atómicos que nos exigiría una base de datos relacional y evitando así el problema de impedancia mencionado anteriormente. Además, la estructura interna de los documentos no va a suponer ningún problema a la hora de realizar búsquedas. Para el caso de secuencias, MongoDB nos permitirá buscar documentos cuyas secuencias contengan un valor (por ejemplo, todas las personas a las que les guste el cine, es decir, el atributo *aficiones* contiene "cine"). Para el caso de documentos anidados, podremos buscar en atributos internos construyendo la ruta de atributos mediante puntos. Por ejemplo, podremos buscar las personas que viven en Madrid (el atributo *direccion.municipio* = "Madrid") o viven en una plaza (*direccion.via.tipo_via* = "Plaza").

BÚSQUEDAS E ÍNDICES

Las búsquedas en MongoDB siempre serán relativas a una colección, es decir, se trata de encontrar todos los documentos de una colección que cumplan una determinada propiedad. Esta propiedad puede ser muy básica (el DNI es 00A) o más compleja (la edad es mayor de 18 años, vive en Madrid o en Barcelona y le gusta el cine), pero nunca podrá involucrar dos colecciones. Esto es radicalmente diferente de lo que ocurre en las bases de datos relacionales, donde ha habido que dividir los datos en varias tablas para así cumplir con las restricciones de atomicidad, por lo que mezclar las tablas es necesario para recuperar la información original. Sin embargo, MongoDB no fuerza la división de los datos: existe la posibilidad de almacenar los datos juntos en el mismo documento (posiblemente con estructura interna). Por lo tanto, a la hora de buscarlos estarán todos juntos en la misma colección.

Un aspecto muy atractivo de MongoDB es que utiliza la mencionada notación JSON tanto para representar los documentos que se almacenan como para expresar las búsquedas. Dicho de otro modo, las búsquedas son simplemente documentos JSON exactamente iguales a los que conocemos. Estos documentos-búsqueda utilizan atributos y valores para expresar las propiedades que deben tener los documentos que se buscan. Por ejemplo, para buscar los documentos con DNI 00A utilizaríamos el documento {DNI: 00A}. Para buscar una persona de Madrid usamos el documento {direccion.municipio = "Madrid"}. También podrían crearse condiciones de búsqueda combinadas como {edad: 54, direccion.municipio = "Valencia"} para encontrar aquellas personas que viven en Valencia y además tienen 54 años. MongoDB proporciona operadores para representar condiciones diferentes a la igualdad como *$gte* para atributos mayores o iguales a un valor (personas con edad mayor o igual a 25), *$or* para propiedades disyuntivas (personas con nombre = "Juan" o nombre = "Eva") o *$exists* para encontrar documentos con un determinado atributo (personas con atributo *correo_electronico*). Pero en todos los casos estos operadores siguen la sintaxis JSON. Esta reutilización de la notación facilita mucho el aprendizaje y hace más cómodo el uso de MongoDB, ya que el usuario solo tiene que tener un formato en la cabeza tanto para almacenar los datos como para expresar las búsquedas.

Las búsquedas están reducidas a los documentos de una determinada colección que cumplan cierta propiedad. Una colección no es más que un conjunto ordenado de documentos, así que se nos puede ocurrir que para resolver una búsqueda únicamente tenemos recorrer la colección desde el principio, documento a documento, y quedarnos con aquellos documentos que nos interesan. Esto puede ser practicable cuando la colección tiene un número moderado de documentos, pero como ya sabemos MongoDB es una base de datos diseñada para Big Data. Lo más usual es que tengamos colecciones con gigabytes o terabytes de información... ¿Realmente tiene que recorrer completa la colección cada vez que un usuario realice una consulta? Para agilizar al máximo las búsquedas y evitar recorridos innecesarios de colecciones gigantescas es para lo que MongoDB utiliza los *índices*, una estructura también esencial en las bases de datos relacionales. Un índice es una estructura auxiliar a la colección que almacena información resumida sobre la localización de los distintos documentos. Volvamos a la colección *personas* que almacena información básica de usuarios, entre ellos un atributo llamado *edad*. Si se prevé que se necesita realizar muchas consultas por edad, lo más sensato sería crear un índice sobre el atributo *edad*. Para realizar este índice MongoDB recorrerá la colección y hará un listado de todos los posibles valores de edad que aparecen, y para cada valor anotará qué documentos tienen ese dato. Un ejemplo de índice sería:

```
edad = 20 → documento 1, documento 5, documento 8
edad = 21 → documento 87
edad = 22 → documento 32
...
edad = 80 → documento 45, documento 2
```

Crear un índice es un proceso tedioso ya que implica recorrer toda la colección y crear una estructura auxiliar. Sin embargo, es un proceso que vamos a amortizar rápidamente. La próxima vez que se busquen las personas de 21 años MongoDB no tendrá que recorrer la colección, simplemente consultará el índice y recuperará directamente el documento 87. Lo mismo sucede con consultas más complejas como personas con edades comprendidas entre 20 y 22 años, donde se deberá buscar en el índice las entradas con valores 20, 21 y 22. En lugar de recorrer la colección, MongoDB ha reducido el problema al recorrer el índice, que siempre será mucho más manejable que la colección completa.

MongoDB permite la creación de varios índices por colección. Por ejemplo, podemos crear índices por edad, DNI y nombre para la misma colección *persona* y que todos convivan sin problema. A la hora de resolver una búsqueda, el primer paso que realizará MongoDB será decidir cuál de todos los índices creados es el que mejor viene para esa búsqueda concreta. En algunos casos puede que haya varios índices candidatos y que no sea nada fácil decidir cuál índice es el mejor. En casos como este MongoDB toma una curiosa decisión: realizar un "concurso" entre los distintos índices candidatos. Para ello lanza la misma búsqueda en paralelo con todos los índices candidatos y se queda con el primero que consiga encontrar 100 documentos.

Los índices son una ayuda muy importante para agilizar búsquedas, pero hay que tener cuidado y no superpoblar las colecciones con índices, ya que tienen efectos negativos. Primero, ocupan espacio tanto en el disco duro como en la memoria. Y segundo, ralentizan las operaciones de inserción y modificado. Como el índice tiene que estar siempre perfectamente sincronizado con su colección, cada vez que se inserta un documento MongoDB debe de realizar el trabajo extra de actualizar el índice. Lo mismo con las operaciones de modificación (imaginemos que modificamos el documento de la señora Abadía y cambiamos su edad de 65 a 64 años). Es por ello que hay que encontrar un complejo equilibrio entre las mejoras en las búsquedas y la penalización en las inserciones, creando únicamente aquellos índices que necesitemos teniendo en cuenta el patrón y tipo de accesos que recibirá nuestra colección.

DISTRIBUCIÓN: REPLICACIÓN Y REPARTICIÓN

Hasta ahora hemos comentado que MongoDB tiene un esquema flexible que nos permite mezclar documentos con distinto aspecto dentro de una colección y que posibilita almacenar documentos con una estructura interna muy rica. Estas dos características son muy interesantes para Big Data. Sin embargo, se ha dejado para el final su propiedad más importante: ¿cómo es capaz de almacenar grandes volúmenes de datos? Para esto, MongoDB utiliza una solución muy similar al sistema de ficheros distribuido HDFS que hemos visto en Hadoop: replicar datos y almacenarlos de manera distribuida en distintos equipos de un clúster. MongoDB va a considerar dos tipos de configuraciones posibles llamadas replicación y repartición (*sharding*). Cada una persigue un objetivo diferente, pero lo más interesante es que se pueden combinar y conseguir las ventajas de ambas a la vez.

La replicación simplemente consiste en almacenar colecciones de manera duplicada en distintos equipos del clúster. Al igual que HDFS, MongoDB está concebido para ser ejecutado en clústeres formados por equipos de bajo coste, por lo que el fallo de nodos es bastante usual. Si el equipo que contiene la colección *personas* empieza a fallar o su conexión se corta, perderemos totalmente el acceso a dicha colección. Cualquier operación en esta colección, ya sea una búsqueda como una inserción, fallará forzosamente. Para evitar este problema MongoDB permite crear *conjuntos réplica* de equipos que almacenan copias de las mismas colecciones. Si en lugar de un solo equipo almacenamos la colección *personas* en tres equipos nuestra situación habrá mejorado bastante. Aunque fallen dos de estos equipos seguiremos pudiendo acceder a la colección, y solo cuando hayan fallado estos tres (cosa altamente improbable) será cuando perdamos completamente el acceso a estos datos.

Existen dos formas principales de organizar la replicación en sistemas distribuidos: usar una red entre iguales (más conocido con su término anglosajón *peer-to-peer*, escrito P2P) o una organización maestro-esclavo. La red P2P, popularizada por los programas para compartir archivos, se basa en que todos los equipos de la red son igual de importantes. Ninguno tiene un rol prevalente. De esta manera, para realizar una búsqueda sobre una colección podríamos comunicarnos con cualquiera de los equipos que almacenan una copia. Lo mismo ocurriría para realizar una inserción o modificación, ya que cualquier equipo con una copia nos serviría. La organización en red P2P es muy flexible, pero presenta complicaciones desde el punto de vista de la consistencia.

Imaginemos que acaban de arrancar la base de datos y se tienen tres copias perfectas en tres equipos distintos. Como estamos usando una red P2P para nuestro conjunto réplica, podría ocurrir que en un mismo instante recibamos tres modificaciones procedentes de tres usuarios distintos y que cada una sea manejada por un equipo diferente. La primera modificación se dirige al equipo 1 y modifica la edad de la señora Abadía a 66 años, la segunda se dirige al equipo 2 y modifica la edad de la señora Abadía a 64 años, mientras que el equipo 3 recibe una modificación para cambiar la edad de la señora Abadía a 30 años. En ese momento tenemos tres edades diferentes en los tres equipos del conjunto réplica. ¿Cuál es la válida? ¿Hay alguna válida? ¿Combinamos las tres edades de alguna manera, por ejemplo su valor medio, para obtener una edad común en los tres equipos? Esta situación es difícil de manejar, pero se produce de manera común en redes P2P. Para ello, los equipos deben establecer un protocolo de comunicación y definir una manera de ordenar las modificaciones para elegir aquella que consideran como última.

La organización maestro-esclavo proporciona una jerarquía a los equipos que almacenan copias de una colección: uno será el más importante, llamado maestro, y el resto serán meros esclavos. El problema de consistencia que acabamos de ver nunca ocurrirá: la copia más actualizada es siempre la del maestro. Si en algún momento ocurre que en el equipo maestro la señora Abadía tiene 66 años y en un equipo esclavo la señora Abadía aparece con 64 años, la decisión será sencilla: el dato válido son 66 años porque están almacenados en el equipo maestro. Dotar de una jerarquía maestro-esclavo a un conjunto réplica simplifica la gestión de los equipos y elimina problemas de consistencia, por ello es la opción elegida por MongoDB.

A cambio, la organización maestro-esclavo encorseta un tanto la utilización del conjunto réplica, ya que se pierde la flexibilidad de contactar con cualquier equipo y actualizar la colección. Si se quiere añadir un nuevo documento a la colección o modificar uno existente, tendremos que contactar única y exclusivamente con el equipo maestro. Esto es así porque el equipo maestro debe contener siempre la versión más nueva de todos los documentos, así que él es el único que puede manejar inserciones y modificaciones. Una vez recibe estas modificaciones se encarga de transmitirlas a sus esclavos para que actualicen sus datos. Como este proceso puede tardar unos segundos, en ese tiempo los equipos esclavos pueden tener una copia ligeramente desactualizada de la colección, pero al poco tiempo se actualizarán. Esta situación se conoce como *consistencia final*: si deja de modificarse la colección, pasado un tiempo seguro que todos los equipos contienen la misma copia que el maestro. ¿Qué ocurre con las consultas que no modifican los datos, a las que podemos llamar *lecturas*? En este caso, cualquier equipo podrá manejarlas, pero teniendo en cuenta que los esclavos pueden tener los datos ligeramente desactualizados. Si esta pequeña inconsistencia no es un problema para el usuario, el enfoque permite distribuir las lecturas entre todos los equipos del conjunto réplica. MongoDB sigue este enfoque: todas las inserciones y modificaciones deben ser manejadas por el maestro, pero las lecturas pueden ser contestadas por cualquier equipo.

Como último punto de la organización maestro-esclavo consideremos qué ocurre si falla un equipo. Si es un esclavo no es un gran problema, tenemos una copia menos, aunque podemos seguir leyendo y escribiendo datos en la colección. Pero ¿qué ocurre si falla el equipo maestro? En este caso el problema es mayor porque era el único que se podía encargar de las escrituras. Se siguen teniendo copias (ligeramente desactualizadas), pero ya no se puede modificar nada, lo que es un inconveniente. El equipo maestro es un punto vital de la organización (conocido como *single point of failure*), ya que un fallo suyo deja al conjunto réplica bajo mínimos. Para recuperarse lo más rápido posible de un fallo así, MongoDB propone una solución muy democrática: votaciones. Cuando el equipo maestro falla, todos los esclavos emiten un voto y el que más consiga se establece como nuevo maestro que gestionará el conjunto réplica. Los votos no se consiguen con una buena campaña, sino demostrando que se obtiene una información más actualizada. Cuando consigamos arreglar el antiguo equipo maestro se volverá a conectar al conjunto réplica, pero esta vez entrará con rol de esclavo. Tardará un tiempo en ponerse al día con los nuevos datos aparecidos desde que se desconectó y esperará a que haya un fallo ajeno que le permita (o no) volver al poder a través de una nueva votación.

Como hemos visto, la replicación permite tener una alta disponibilidad al replicar colecciones en distintos equipos, pero no responde a la pregunta sobre cómo almacenamos una gran cantidad de datos, digamos una colección de 500 TB. Supongamos que tengo 10 equipos en mi clúster y cada uno almacena 100 TB, realmente tengo 1 PB de espacio disponible. Esto es el doble del tamaño de la colección, pero tristemente la colección no cabe entera en ningún equipo. En estas situaciones la solución es similar a la que sigue HDFS: dividir la colección en fragmentos y repartirla entre los distintos equipos. Idealmente, seguirá una distribución uniforme y cada equipo se encargará de unos 50 TB de información para no sobrecargar a ningún equipo más de la cuenta ni dejar a algún equipo con pocos datos. De esta manera, si en algún momento la colección crece y amenaza con llegar a 1 PB, lo único que habrá que hacer es añadir más equipos al clúster. MongoDB permite utilizar repartición de colecciones entre distintos equipos.

A la hora de dividir la colección, MongoDB utiliza un atributo concreto de los documentos al que llama *clave de repartición*. Imaginemos que nuestra colección *personas* es tan grande que no podemos almacenarla en un solo equipo. Para comenzar la repartición comunicaremos a

MongoDB qué atributo debe utilizar para repartir, en este caso la edad. Con esta información MongoDB crea rangos y los asigna a los distintos equipos: el equipo 1 se encarga de 0 a 43 años, el equipo 2 de 44 a 67 años y el equipo 3 de 68 años en adelante. Para encontrar un dato, la primera pregunta que MongoDB debe resolver es en qué rango está y posteriormente conectar el servidor adecuado. Si en algún momento uno de estos rangos contiene tantos documentos que no caben en el equipo, MongoDB divide automáticamente este rango en dos y mueve uno de ellos a un equipo nuevo. De este modo, una colección puede crecer y crecer sin más limitación que la capacidad total del centro de datos. Claro que hay que elegir con cuidado la clave de repartición, ya que afecta a la eficiencia de las consultas. Por ejemplo, es muy sencillo encontrar todas las personas con edad de 31 años, pues simplemente hay que preguntar al equipo 1. La búsqueda se dirige directamente a un equipo y no se involucra al resto. ¿Pero qué ocurre si se quiere encontrar la persona llamada señora Abadía? ¿O si se buscan las personas que viven en Palencia? La repartición se ha hecho en base a la edad, pero este atributo no aparece por ningún lado en la consulta. En estos casos MongoDB no puede conocer en qué equipo están los datos que necesitamos, ya que potencialmente pueden estar en cualquiera: la señora Abadía puede tener 3, 54 o 69 años; y las personas de Palencia también pueden tener edades muy variadas. Por lo tanto, MongoDB se ve obligado a redirigir la consulta *a todos* los equipos, esperar su respuestas y luego combinarlas. La lección es que hay que tener cuidado y escoger como clave de repartición un atributo que aparezca muy a menudo en las consultas.

Por último, la replicación y la repartición se pueden combinar para obtener el máximo beneficio. Lo más usual es utilizar repartición para dividir una colección en rangos, y para cada uno de estos rangos utilizar un conjunto réplica. De esta manera, soportaremos colecciones que puedan crecer y crecer (simplemente tendremos que crear más rangos) y cuyos datos son accesibles aunque fallen algunos equipos (cada rango estará almacenado de manera replicada en un conjunto de equipos). MongoDB, como paradigma de base de datos para Big Data, soporta esta combinación.

CAPÍTULO 6

LA DECISIÓN: ¿BIG DATA O BASES DE DATOS RELACIONALES?

Se han visto las diferencias entre utilizar un modelo Big Data apoyado sobre bases de datos NoSQL o un modelo relacional, incluso las diferencias entre varias propuestas Big Data. Pero ¿cómo se elige el modelo adecuado? Se discutirán brevemente las razones que pueden hacer que una empresa de tamaño medio decida iniciarse en las nuevas bases de datos, así como los casos en los que las bases de datos relacionales siguen siendo la opción preferida.

CUÁNDO NO UTILIZAR BIG DATA

La decisión sobre la base de datos a utilizar implica muchos factores que deben considerarse de antemano. Debemos empezar pensando para qué queremos guardar datos, qué beneficio esperamos sacar a corto, medio y largo plazo. Esto implica detallar el uso que se le va dar a los datos, el ritmo al que se va a actualizar, cómo se espera que crezca con el tiempo y qué tipo de información se desea extraer. Hay que saber si el esquema de la base de datos, su estructura, va a cambiar de forma constante o va a ser bastante estable esperándose solo cambios puntuales. Otro factor importante es el tiempo que se puede dedicar a la implantación y el coste que se está dispuesto a asumir, tanto en personal como en recursos. Hay que decidir si resulta conveniente utilizar recursos en la nube (y su coste), o si debemos comprar nuevo equipo. Hablando del coste del software, hay que recordar que tanto en el campo relacional como en las bases de datos NoSQL se dispone de gestores de bases de datos gratuitos potentes y ampliamente utilizados.

Son muchos factores, pero, en general, si hablamos de una empresa pequeña o mediana que tenga que gestionar archivos de clientes, que haga resúmenes o informes mensuales totales de ventas y en los que la llegada de la información no sea excesiva, es suficiente con manejar una base de datos relacional bien diseñada. De hecho, son escasas las empresas que solo tienen bases de datos NoSQL. Incluso los comercios con ventas por Internet a menudo pueden limitarse al modelo relacional si se trata de una página sencilla, con catálogo de productos más o menos estable (al menos en formato) y número relativamente controlado de accesos.

Otro factor que hay que sopesar muy bien antes de embarcarse en un proyecto Big Data es la complejidad de las consultas. Las bases de datos relacionales no son las más adecuadas para hacer consultas muy simples que impliquen cantidades ingentes de datos, pero sí que resultan perfectas para hacer consultas complejas que requieran muchas tablas, acceder o agrupar a través de varias columnas, obtener multitud de informes de resultados, incluyendo totales y subtotales, etc. En estos casos, una base de datos NoSQL puede ser más complicada de utilizar, más fácil cometer errores e incluso más lenta a la hora de obtener los resultados.

CUÁNDO UTILIZAR BIG DATA

Por supuesto, hay sectores en los que el modelo Big Data está asociado a la naturaleza de su negocio, que de forma natural implica las 3-V que definen este paradigma: tener que recibir y tratar una ingente cantidad de datos, posiblemente en tiempo real, o recibir datos en una variedad de formatos diferentes. Por ejemplo, una empresa que venda sistemas de seguridad complejos basados en la instalación de multitud de detectores, puede tener en Big Data su gran aliado. Igualmente, una empresa que dependa en gran medida de Internet, como aquellas que se dedican a recopilar datos de múltiples páginas de Internet para luego ofrecer sus propios resúmenes o análisis, por ejemplo, de economía, de un determinado deporte o de tendencias de moda, se beneficiarán de una base de datos orientada a documento.

Pero supongamos que nuestro negocio no pertenece a estos sectores tan específicos, ¿en qué condiciones podemos empezar a pensar en que la introducción de Big Data puede ser conveniente? En primer lugar, sin duda están aquellas empresas que realicen gran parte de su negocio gracias al comercio electrónico y cuenten con acceso webs de muchos clientes de forma simultánea, sobre todo si hay que mostrar a estos información de forma rápida. En estos casos las bases de datos NoSQL clave-valor pueden resultar una alternativa conveniente a las bases de datos relacionales. Además, muchas empresas se valen de NoSQL para añadir una nueva funcionalidad o capa de negocio, en la que los clientes puedan ver análisis de sus operaciones (por ejemplo, inversiones bursátiles) en tiempo real.

En otras ocasiones, la idea de utilizar un entorno Big Data surge cuando alguna unidad de negocio desee llevar a cabo mejores análisis de nuestros datos o de fuentes de información que hasta ahora ni habíamos considerado. A menudo, es el departamento de marketing el que sugiere empezar a manejar clústeres Hadoop o algún tipo de bases de datos NoSQL.

Big Data también es la solución cuando la naturaleza dinámica del negocio nos fuerza a cambios constantes en la información que mantenemos y en su estructura. Un caso concreto es la elaboración de catálogos. Las empresas que elaboran un catálogo de sus productos una o dos veces al año normalmente no necesitarán una base de datos NoSQL. Tampoco las que hacen modificaciones semanales o diarias pero siguiendo el mismo formato (por ejemplo, nombre de producto, descripción y precio). Sin embargo, los negocios que modifican su catálogo cada pocos días incluyendo cambios de formato, que para unos productos incluyen una foto o un vídeo y para otros hay diferentes tallas formatos o color, encontrarán en una base de datos documental NoSQL como MongoDB una excelente alternativa. Además, en estos casos hacer informes, por ejemplo, para ver la evolución de los precios, exigirá comparar productos definidos de forma muy diferente, de nuevo el terreno Big Data.

CAPÍTULO 7

INTERNET DE LAS COSAS

El libro ha comenzado con la historia de los orígenes y del pasado de Big Data. En los capítulos anteriores se ha tratado de mostrar el papel de Big Data en la sociedad actual, sus posibilidades y características. Siguiendo esta línea parece que lo más conveniente es terminar hablando del futuro.

Dicen los expertos que los dos grandes avances que han tenido lugar en la sociedad de los datos, Internet y los teléfonos móviles, se verán complementados en los próximos años con un nuevo término del que oiremos hablar cada vez más: Internet de las cosas. Los expertos no siempre aciertan, pero en este caso es fácil predecir un futuro que en buena medida es ya presente. El término Internet de las cosas se refiere a los sensores y aparatos "inteligentes" de todo tipo que pueden conectarse entre sí o a un ordenador, y que incluso pueden tomar decisiones según los datos recopilados.

La existencia de estos sensores y su utilidad no son ninguna novedad. Por ejemplo, todo hemos oído hablar de los sensores medioambientales, que miden la cantidad de polución y disparan las alarmas cuando se superan los máximos permitidos. Igual que los que ayudan a predecir la meteorología tomando datos atmosféricos en multitud de lugares de forma constante o de los que miden de forma continua la calidad del agua que bebemos y que pueden cortar el suministro de forma automática si detectan alguna anomalía. En la agricultura los sensores se utilizan desde hace tiempo para controlar el nivel de acidez del suelo y la humedad. En las gasolineras hay sensores que indican el nivel de combustible que queda en los tanques, información que se transmite a la central y que permite optimizar el reparto que realizan los camiones cisterna reponedores. En las fábricas, una multitud de sensores controla los procesos de producción, se encarga del mantenimiento automático de las máquinas e incluso del control de calidad de los productos elaborados. En nuestras ciudades, encontramos sensores en algunos semáforos y en sistemas de iluminación que se apagan cuando no hay nadie. Incluso en algunos lugares están instalados en ciertos contenedores de residuos para detectar cuándo están cerca de llenarse o informan mediante una aplicación móvil a los conductores de los lugares de aparcamiento libres.

Quizás uno de los campos en los que Internet de las cosas ha tenido un mayor éxito es en telemedicina. Muchas personas que antes necesitaban de revisiones constantes en hospitales ahora se monitorizan desde sus hogares, ahorrando desplazamientos y mejorando su calidad de vida. En ciertos casos, los sensores avisan de forma automática cuando se detecta una emergencia, o ayudan a las personas discapacitadas a realizar tareas sencillas pero de gran ayuda, como por ejemplo los relojes que convierten señales acústicas en vibraciones, avisando a las personas sordas de que están llamando a la puerta o al teléfono.

Pero la novedad en los últimos años es que los sensores, y su aluvión constante de datos, comienzan a introducirse en todos los hogares. Esta nueva revolución, apenas empezada, tiene su origen en la bajada de precios y la reducción de tamaño de los sensores de todo tipo. De temperatura, de humedad, de sonido o de intensidad de la luz, de rayos infrarrojos o ultravioleta, compases electrónicos, detectores de humo y de gas, de vibraciones y muchos más, sensores de todo tipo disponibles para quien lo desee por precios que oscilan entre los 2 y los 20 euros. Mediante un sencillo controlador, fácil de programar y manejar, y por un precio muy asequible, se recibe la información de estos sensores y se pueden facilitar su conexión a Internet o tomar decisiones de forma automática. Esto da una enorme cantidad de posibilidades, desde sistemas de riego automático para jardines que tienen en cuenta la humedad ambiental, control de temperatura de la casa, detección de incendios o de escapes de gas, todo ello centralizado a un coste muy reducido. Y tanto sensor supone, por supuesto, un gran volumen de datos de tipos diferentes según el sensor, y que deben ser procesados según llegan para asegurar una respuesta rápida. Una vez más encontramos las 3-V, volumen, variedad y velocidad, el terreno de Big Data.

Una de las áreas de la vida doméstica en las que se espera que el impacto de Internet de las cosas sea mayor es en el ahorro de energía. Ahora tenemos multitud de aparatos conectados a la red, cada uno ignorante de la labor del resto. Es imaginable un futuro cercano en el que la lavadora o el lavavajillas reciban información sobre el total de potencia consumida en cada momento. De esta forma pueden reducir su ritmo de trabajo para no superar la potencia máxima contratada, o por ejemplo, en el caso del frigorífico, esperar las horas en las que la tarifa eléctrica sea más barata para concentrar en esta franja la mayor parte de su consumo. Por su parte, el termostato de la calefacción puede estar al tanto de la previsión meteorológica, sabiendo que la próxima noche será especialmente fría y que interesa ir subiendo un poco la temperatura para lograr mantener sin gran esfuerzo la temperatura programada por el usuario. Por eso Google compró hace poco, por apenas 3.200 millones de dólares, Nest, una compañía creada por varios ingenieros que trabajaron en el diseño del primer *ipod* y que ahora han creado lo que llaman "termostato de tercera generación", que permite regular la temperatura de casa desde el móvil para encontrarla a nuestro gusto al llegar o incluso aprende nuestras preferencias y, si se lo pedimos, hace recomendaciones para ahorrar energía, utilizando la nube para almacenar datos y analizarlos.

También en los coches se esperan grandes cambios. Un coche actual suele llevar de serie alrededor de 15 tipos diferentes de sensores. Estos sensores están conectados con el ordenador central que toma las decisiones, pero esa información no se comparte ni se amplía con el exterior, por lo que no se puede hablar todavía de Internet de las cosas. En un futuro se espera que esa información sí se pueda ampliar, por ejemplo, con información obtenida a partir de sensores instalados en la propia carretera sobre hielo, estado del pavimento, velocidad máxima, etc., o con otros coches para evitar situaciones de riesgo. Hay quien anticipa que a la hora de establecer la prima del seguro del vehículo, las compañías aseguradoras pedirán permiso a su cliente para acceder a los datos del último año de su vehículo, y así detectar qué tipo de conductor es, si ha hecho adelantamientos de riesgo, la velocidad media, el número de kilómetros recorridos, etc. Por ejemplo, si en el último año no ha conducido apenas, en lugar de bajarle la prima por llevar un año sin dar partes de accidentes, la subirán porque es conductor ocasional y, por tanto, inexperto. Por supuesto, esto llevará a su vez cambios legislativos para delimitar qué información tienen derecho a requerir estas compañías. Para almacenar todos estos datos, puede que se utilice algún servicio de "Internet de las cosas en la nube", por el que habrá que pagar un módico precio. Claro que también es posible que alguna compañía ofrezca de forma gratuita el almacenamiento a cambio del permiso para compartir para compartir los datos del usuario. Cuando esto ocurra no será raro que los anuncios que escuche por la radio del vehículo sean personalizados, ya que los anunciantes utilizarán nuestro perfil concreto, enviando a cada coche anuncios distintos, puede que incluso incluyendo nuestro nombre o teniendo en cuenta las páginas de Internet que visitamos en los últimos días.

¿Ciencia ficción? De momento, sí. De hecho, la llegada a nuestra vida cotidiana de Internet de la cosas conlleva nuevos retos tecnológicos aún por resolver. Un primer inconveniente es que para que cada sensor se pueda conectar a Internet necesita tener su propia IP, el número único que identifica a un aparato en la red. Resulta que el protocolo más utilizado en Internet (IPv4) permite un máximo de 4.000 millones de direcciones IP. Parecían muchas cuando se introdujo allá por 1981, pero esta cantidad se queda muy corta con la cantidad de dispositivos conectados que tienen hoy en día los usuarios (*tablet*, móvil, televisor...), y es realmente ridícula si se piensa en la cantidad inmensa de "objetos inteligentes" conectados a Internet que se precisarán en un futuro cercano. Un nuevo protocolo (IPv6), que permite 340 sextillones de direcciones IP, se está implantando poco a poco y permitirá superar esta limitación. Pero hay más problemas. Uno importante es la interconectividad de los distintos sensores y aparatos. Resulta que cada sensor transmite los datos de forma propia, digamos que en su propio lenguaje. El resultado es una torre de Babel de sensores condenados a no entenderse entre sí. La tarea de actuar de intérprete común le corresponde al controlador de tantos aparatos, ya sea un ordenador o un pequeño aparato creado para tal fin. Pero aunque programemos al sufrido controlador convirtiéndolo en un experto políglota, y no es tarea fácil, un día alguno de los sensores se estropeará o querremos cambiarlo por uno nuevo, que por supuesto se comunicará en un nuevo formato. Lo que hace falta es un lenguaje común, unos estándares que permitan a los controladores recibir datos de cualquier sensor sin esfuerzo. Numerosas organizaciones y empresas se están dedicando a elaborar estos estándares, aunque como sucede en estos casos, tardará en llegarse a un "lenguaje de los sensores" universal. Basta con pensar en los cargadores de los móviles o en los antiguos sistemas VHS y Beta de los vídeos de cinta para ver que estos acuerdos unificadores no siempre son fáciles. El ideal sería que el controlador sea capaz de descubrir qué sensores tiene a su alrededor y las posibilidades de cada uno, para que podamos añadir, mover o eliminar sensores a nuestro gusto.

Una última preocupación es cómo lograr controlar el funcionamiento coordinado y razonable de tanto sensor. Queremos hogares inteligentes, pero que a la vez nos dejen tomar nuestras propias decisiones, evitando caer en un "paternalismo tecnológico" en el que nos lleguemos a sentir los esclavos y no los amos de nuestros aparatos. Tenemos que saber qué está pasando en nuestro propio hogar, entender y poder corregir el comportamiento de una calefacción que sin saber por qué se pone en marcha cuando consideramos que hace calor, o de una lámpara caprichosa que baja de intensidad para ahorrar, justo cuando nos poníamos las gafas de cerca para leer la letra pequeña de la factura de la compañía eléctrica. Tiene que tratarse de un sistema que permita nuestra intervención y control, pero sin apenas esfuerzo y asegurándonos que no nos llevará al desastre si no estamos constantemente pendientes. Este equilibrio no es fácil de alcanzar. Para conocer el estado de nuestros sensores y las decisiones que están tomando, estos deberán tener acceso a Internet no solo para conectarse con otros aparatos, sino para permitirnos en cada momento ver sus datos y estadísticas.

Puede que incluso los sensores nos quieran avisar de los hechos más relevantes de su día a día vía Twitter o Facebook. En efecto, los expertos más imaginativos ya están hablando de la participación en las redes sociales de los objetos inteligentes. Quizás dentro de poco sea normal encontrar que alguien está consultando el muro de Facebook de su termostato, enviando un WhatsApp a su lavadora para saber si le falta mucho para acabar o leyendo con interés el blog de la pecera del salón, que incluye las últimas novedades en cuanto al estado y temperatura del agua o incluso sobre qué tal han comido los peces hoy.

Sin duda, los avances en Internet de las cosas acentuarán los dilemas entre seguridad y libertad personal o entre confort y privacidad, que ya tenemos hoy en día con el uso de los móviles e Internet. Resulta escalofriante pensar en la posibilidad de que un *cracker* (un *hacker* con malas intenciones) llegue a acceder a los sensores de nuestra casa o, mucho peor, a controlarlos, o que un gobierno determinado decida que los sensores instalados en los hogares de sus ciudadanos resultan ser un eficiente ejército de espías domésticos. Otro factor a tener en cuenta es el aumento de la dependencia tecnológica y de Internet, que puede conducir al desastre si llega más allá de lo razonable.

En todo caso, debemos ir haciéndonos a la idea de que en un futuro próximo los grandes datos, aquellos que al principio de nuestra historia solo eran preocupación de los agentes del censo, serán una realidad en nuestra vida cotidiana.